柳田国男論

Karatani, Kojin
柄谷行人

インスクリプト
INSCRIPT Inc.

1972年、桜上水にて
（二枚とも。撮影：佐伯剛正。©Kousei Saeki）

序文

「柳田国男試論」は一九七四年に「月刊エコノミスト」（毎日新聞社）に連載したものであるが、その前後の記憶が無い。そもそもどうして柳田国男について連載評論を書いたのか、思い出せないのである。当時の担当記者だった柴田四郎氏に問いあわせてみると、一九七三年秋に、主題は何でもいいということで連載を依頼したが、柳田国男論を私が希望した、という。こうして、一九七四年一月号からほぼ一年、柳田論を連載したわけである。が、年譜によれば、三月から文芸誌「群像」に「マルクスその可能性の中心」という連載評論を書き始めている。

他にものを書いていたのだから、雑誌連載を二つも引き受けるとは、今思うと恐ろしい気がするが、当時は、とりあえず書いてみて、あとで直せばいいと考えたのだろう。ただ、ふりかえってみて、つぎのようなことに思いいたった。私は一九六九年五月に群像新人文学賞を受け、七二年二月に最初の評論集『畏怖する人間』（冬樹社）を刊行した。が、ちょうどこの時期、連合赤軍事件が起こった。それは六〇年代の新左翼運動の壊滅的な終りを象徴するものであった。私はそれに関して「マクベス論——意味に憑かれた人間」という評論を書いた。と同時に、マルクスについて本気で取り組もうと思いはじめたのである。柳田国男について考えはじめたのも、この時期だと思う。

もともと私が批評というジャンルを選んだのは、それによって何でも好きなことができると考えたからで、狭義の文学評論に甘んじる気はなかった。この時期、マルクスや柳田について書こうとしたのは、文学評論の枠の外に出るためであった。もう一つ考えていたのは、日本の枠の外に出ることである。一九七三年にヨーロッパに旅行し、七五年から米国のイェール大学に客員教授として、約二年滞在した。しかし、そこでおこなったのは、事実上、先に連載したマルクス論と柳田論を再考することであった。

マルクス論に関しては、それははっきりしている。私はポール・ド・マンに会ったことがきっかけで、『マルクスその可能性の中心』の改稿を始め、一九七八年にそれを本として出版しただけでなく、以後も、より抽象的な理論的仕事に没頭するようになった。ある意味で、それが今にいたるまで続いている。

他方、柳田論に関しては、特に何事もなかったように見える。私自身もそう思っていた。私はイェール大学では、大学院生を相手に明治文学について教えた。そのときに話したことをあとでまとめて、『日本近代文学の起源』（一九八〇年）として出版した。私はそれを米国で、そして、現代思想の文脈において考えたと思いこんでいたが、「柳田国男試論」が示すように、もっと前から考えていたのである。

実際、『日本近代文学の起源』の中で、私は柳田国男に関してかなり言及している。たとえば、「風景の発見」に関して国木田独歩、「告白という制度」に関して田山花袋を取り上げたが、彼らが柳田と一緒に『抒情詩』を刊行した仲間であったことはいうまでもない。また、「児童の発見」という論は、もっぱら柳田の児童論や近代童話批判にもとづいていた。ついでにいえば、イェール大学ではセミナーとは別に、アンドリュー・マーカスという学生に頼まれ、柳田の著作を選んで二人で読んだ。彼は学者として稀有な才能に恵まれた人物であったが、残念なことに、ワシントン大学教授となったのち夭折してしまった。『日本近代文学の起源』を刊行した後、私は文学の現場からは徐々に遠のいた。実際のところ、この本は近代文学からの離別の書であったから。一方、柳田国男についても関心が薄れた。ただ、一九八六年に依頼されて、柳田について書いたことがある（「柳田国男論」本書に再録）。この時期には、柳田に対する世間の見方が、七〇年代初めのころとは、大分変わってきていた。それまでは、柳田は、知識人が知らなかった大衆存在を把握しその思想を汲み上げるような思想家として見られていた。ところが、この時期には、逆に、柳田は均質的な「常民」の世界のみをとりあげ、そこから逸脱するような存在を排除する思想家として非難されていた。このような変化の背景には、経済の高度成長がある。それが「知識人と大衆」というような問題意識そのものを形骸化したのである。そのことは、一九八〇年代のバブル経済の時期に極まった感じがある。

この時期には、集団や領域のなかに定在することを否定し、脱領域的、ノマド的な遊動性を称揚する「現代思想」が流行していた。その中で、常民＝稲作農民を中心にする柳田民俗学は、さまざまなマイノリティの観点から批判されたのである。また、柳田が初期の段階で山人、漂泊民、被差別民などを論じていたのに、それを放棄して常民を対象とする「一国民俗学」に向かったことが批判されるようになった。

このような風潮のなかで、私は柳田国男を擁護しようとした。しかし、それを十分にやれたとは思わない。この時期、私には、柳田について積極的にいうことがなかった、柳田には「現代思想」などでは簡単に片づけられないものがある、というほかには。その後私は、ポストモダニズムの風潮を根本的に否定するようになったが、それは柳田論とは結びつかなかった。つまり、柳田論をあらためて書こうという気にはならなかったのである。以後、自分が書いた柳田論を読みかえしたこともなかった。インスクリプト社の丸山哲郎氏がこれを出版したいといって、雑誌連載のコピーを送ってくれたのは、五、六年前であったが、放っておいた。また、大塚英志氏が彼の編集する雑誌「新現実」で、柳田をめぐって私にインタビューし、さらに、「柳田国男試論」の最初の二章を再録してくれたのだが、そのときも、実は読まなかった。

柳田のことをあらためて考えるようになったのは、『世界史の構造』(二〇一〇年)を出版した後、そこで十分に書き足りなかったことを再考しはじめたときである。その一つは、遊動民の問題であった。遊動民(ノマド)にはさまざまなタイプがある。大別すれば、遊動的狩猟採集民と遊牧民である。それらはノマドとして同一視されやすいが、根本的に異なる面がある。

遊牧民は農耕民とは違って、定住を嫌う。その意味で、遊動的狩猟採集民にあった遊動性を回復している。しかし、彼らは遊動的狩猟採集民とは異質である。牧畜は農耕と同様、定住的社会の中で開発された技術であり、遊牧民は農耕民に依存している。彼らは農耕民と交易するだけでなく、商人として共同体間の交易をになう。さらに、遊牧民はしばしば結束して農耕民を略奪し征服する。こうして遊牧民は国家を形成してきた。

ここからふりかえると明らかなのは、一九八〇年代に流行したのが、遊牧民的タイプの遊動論だということである。実際、ドゥルーズ&ガタリがいうノマドロジーは、遊牧民にもとづいている。それは脱領域的で闘争的である。それはラディカルに見えるが、資本・

国家にとっても好ましいものである。したがって、それは九〇年代には、新自由主義のイデオロギーに取り込まれた。

一方、柳田が「山人」と呼ぶのは、狩猟採集民である。彼が山人について書き始めたきっかけは、宮崎県の山地にある椎葉村の焼畑・狩猟民の社会を見たことにあった。柳田はその後、山人あるいは先住民を無視して、「一国民俗学」をいうようになったといわれている。しかし、それは満州事変（一九三一年）の後であり、日本が多数の民族をふくむ満州帝国、あるいは、大東亜共栄圏を目指した時期である。この時期の日本では、いわばノマド的であることが奨励された。柳田はそれを拒否して、一国民俗学を唱えたのである。それは柳田が「山人」を否定したことを意味しない。一九三〇年代の柳田は「山人」を、固有信仰（先祖信仰の祖型）に見出そうとしたのである。それは、戦争末期に書いた『先祖の話』に示される。

敗戦後の日本は文字通り「一国」的であった。ゆえに、柳田の一国民俗学が自明のものと見なされた。しかし、日本が経済的に復興するようになると、「一国」に閉じこもっていられなくなる。欧米に再挑戦し、アジアに再進出しはじめたのである。日本人が外国に出るだけでなく、海外からの移住労働者が増加した。日本は「単一民族」であるなどとはいえないし、いってはならなかった。人々はもはや、ネーション、共同体、個別企業などの閉域に安住することができない。このような風潮が一つの頂点に達したのが、一九八〇年代、バブルの時期であった。「常民」に依拠する柳田の「一国民俗学」が批判されたのは、このような状況においてである。

私は一九八〇年代にあった柳田批判の風潮が何であったかを、今になって理解した。なぜそんなに理解が遅れたのか。柳田を読むとは、柳田自身が経験した歴史的諸段階と、柳田を読む者の経験する歴史的諸段階を交差させることである。それがどのようなものかは、一定の時間が経過しないとわからないのである。私は今年になって柳田論に取り組み、『遊動論――山人と柳田国男』(文藝春秋)を書きあげた。それとともに、かつて書いたものをそのままで出版してもよい、と考えるようになった。それらは、私自身がどのような状況にいたかを示すものであり、それはそれで、歴史的な定点での記録として意味があると考えたのである。

そう考えるようになったきっかけは、もう一つある。私は一昨年、突然、佐伯剛正氏から依頼を受けた。彼は約四〇年前に、私をふくむ当時の物書きを撮影して写真展を開いたが、これからそれを本として出版したい、というのである(『一九七二年　作家の肖像』、清流出版、二〇一一年)。私はこのことをまったく忘れていたので、驚いた。それにしても、なぜ「一九七二年」なのか。通常なら、気にも留めなかっただろう。しかし、私自身、四〇年前に書いたものを本にしようとしているのであってみれば、そこに何か意味があるのかも知れない。そこで、この本で、佐伯氏が撮影した二葉の写真を使わせていただくことにした。ちなみに、この写真にある公園は、当時自宅前の神社の脇にあった。

二〇一三年七月七日

目次

柳田国男論

柳田国男論　一九八六年

一

柳田国男の仕事は、柳田学とよばれている。ほかにそんなふうによばれ且つそれがふさわしくみえるような例はない。折口信夫の仕事も折口学とよばれているが、それはむしろ柳田学があって成立する呼び名である。柳田の仕事が柳田学と呼ばれるのは、彼の仕事が民俗学とか人類学とか歴史学といった、近代の科学（学問）のカテゴリーでは片づけられないことを意味している。彼の仕事はすべてそれらをふくんでおり、且つそのいずれでもない。しかも、柳田自身がそれを定義しないばかりか、明確な規定を避けつづけている。このあいまいさのゆえに、ひとは、彼の仕事を柳田学とでも呼ぶほかはないのである。この呼び名は、彼の学問に独特の綜合性があり、それは、さまざまなカテゴリーを総計することでは果たしえない何かであることを意味する。私の関心はそこにしかない。

近代の（文化）科学として、人類学、民俗学、歴史学の視点からみた場合、柳田の仕事は、資料的にきわめて貴重なものとして受けいれられながら、同時に多くの批判にさらされてきている。かつて、柳田の仕事は、マルクス主義や近代主義が欠落していた部分を照射するものとして評価された。そこでは、柳田のいう「常民」は、知識人が、そこから出立する根拠でありながら、そこから遊離してしまっているような「大衆存在」と同一視され、のみならず、柳田の仕事そのものが、そのような在りかたをしているとみなされた。たとえば吉本隆明は、一九六〇年代につぎのようにいっている。

柳田國男の方法を、どこまでたどっても「抽象」というものの本質的な意味は、けっして生まれてこない。珠子玉と珠子玉を「勘」でつなぐ空間的な拡がりが続くだけである。

（中略）

何よりも抽象力を駆使するということは知識にとって最後の課題であり、それは現在の問題にぞくしている。柳田國男の膨大な蒐集と実証的な探索に、もし知識が耐えないならば、わたしたちの大衆は、いつまでも土俗から歴史の方に奪回することはできない。

（「無方法の方法」）

こうして、柳田の仕事は、知識人が自らの知（抽象）のなかに繰りこむべき「大衆の存在」を提示しているかぎりで避けることができず、またそこにとどまることもできないようなものと見なされる。しかし、吉本隆明は、柳田がもつ「綜合性」に躓いている。彼は、それに気づきながら、そこに珠子玉と珠子玉をつなぐ「勘」のようなものしか認めない。それは、吉本のいう「知識」や「知識人」の「課題」がきわめて近代的なもので、柳田の知の形態がそれと根本的に異質なのではないかという疑いを欠いている。

それ以後にも、柳田への批判がある。それは、人類学や民俗学からの内在的な批判である。たとえば、今日では、柳田のいう「常民」は、違った意味をおびている。まさにこの「常民」が攻撃の的となったのである。かつては、常民は、知識人が依拠すべき根拠としての「大衆の原像」(吉本隆明)のごときものとみなされていたのに、今や、常民は、定住民であり、日常性であって、周縁的で例外的なものを排除する存在を意味する。柳田は、基本的に、農民＝定住者を中心とすることによって、都市民や漂泊民を排除し、均一的な空間を前提することによって、本来多様であった日本の、民族的、生産的、言語的空間の差異を隠蔽したというのである。また、南方熊楠がつとに指摘したように、柳田は性的なもの、猥雑なものを抑圧してしまったために、民俗学の重要な側面を切りすててしまったということになる。

柳田の民俗学が、ロマン派的な、あるいは平田篤胤的なオカルチズムの関心、あるいは漂泊民や山人の関心からはじまっていったことは疑いをいれない。たしかに、初期の柳田は、マージナルな領域に惹かれており、被差別民のような領域に関心をそそいでいた時期がある。常民(定住民)を中心にすえるということは、それらを切りすてるということになる。また、初期の柳田は、山人を原住民とみなしていたのだが、この仮説を放棄したことは、天皇制中心の日本史観をくつがえす可能性をとざしたことになる。

また、高群逸枝のようなフェミニストは、柳田が常民というとき、たとえば嫁入婚のようにほぼ室町時代ごろに形成された諸制度を自明視することによって、それ以前の婚姻形態を理論的にも抑圧しようとしたと批判している。たぶん、こうした批判は正しいだろう。だが、この評価の変化は、ここ二十年間に、柳田が基本的に依拠した農民あるいは農村が大幅に変容し、都市大衆社会に入ったことによっている。農村よりも都市を、日常的なものよりも非日常的なものを、秩序よりも混沌をみようとする人類学、民俗学が主流となったのは、そのためである。

こうして、柳田を批判する者は、南方熊楠あるいは折口信夫を対置することになる。柳田とちがって、折口は、官僚ではなくヤクザ的な存在であり、都市型、漂泊民型であり、彼自身一種のフリークである。さらに、彼の理論は、マレビトという概念に集約される。マレビトは、今日の人類学者のいう、ストレンジャー（異人）やトリックスターに翻訳されることができる。一方、柳田の仕事は、どこまで行っても、そのような「抽象」を許さないのである。山口昌男は、そのことをべつの角度から説明している。たとえば、柳田が注目したのは、平凡なもの＝日常的なもの、すなわち〈中心的現実〉であるのに対して、南方熊楠や折口信夫が注目したのは、奇異なもの＝非日常的なもの、すなわち〈周辺的現実〉である。

前者は生活世界の秩序の側に、後者は生活世界の秩序の外のもう一つの秩序、つまり生活世界の側からみて、それは奇異なもの、恐怖に満ちたもの、不可思議なもの、猥雑なもの、嘲うべきもの、つまり〈混沌〉により近いもの、つまるところ〈異質のもの＝奇異なもの〉になる。特定文化の中の人間集団は生活世界の側では、意識の表層の作用により、多様化の方向をたどる。その点において、柳田の記述的〈生活誌〉は絶えず正当性を失わない。しかし、多様であるとふつう考えられている〈周辺的現実〉は、意識下の体験を前提とするために、その表面的な多様性にもかかわらず、それが必然的に伴う象徴構造についての精神分析、構造論的分析、記号学的分析等の様々の還元的分析を経ると、予想外の普遍性を示すことは、最近のこれらの分野の研究の進展によっても明らかになりつつある。そういった意味で、南方が〈怪異なもの〉に執着しつつ普遍の道をたどろうとしたことも正当化される。ただ論争の時点で、両者に綜合的視点を確立しうる強靱な認識論的構えが惜しむらくは欠けていた。

（「柳田・折口における周辺的現実」）

しかし、私がいう柳田の「綜合性」は、山口昌男がいう「綜合的視点」とは別のものである。山口にとっては、それは今後に達成すべきものである。しかし、柳田の「綜合性」は、むしろ、分解される前のそれであり、そして、今後に綜合されるべくもない何かなのである。たとえば、柳田は「怪異なもの」を排除したのではない。そもそも彼の仕事はそこからはじまっているのだから。また、彼が「常民」と呼ぶものは、本来、農民だけではなく漂泊民や芸能民や被差別民をふくむものである。いうまでもなく、柳田の仕事のなかで、重心の移動がある。しかし、それは明瞭に分割されるようなものではない。それに対して、折口や南方は、ある意味で、今日の民俗学や人類学のなかに消化しうるような構造論的形態をしていた。要するに、彼らは扱いやすいのである。

柳田の仕事は、たしかに記述的〈生活誌〉である。しかし、日常性は必ずしも意識的なものではない。たとえば、『明治大正史』で、柳田は「障子紙の採用」というささいな事柄についてこういっている。《障子紙の採用は斯らいふ家々に取つても、最初は簡易なる改造のやうに考へられたが、実際はこれが重大なる変動の因となつて居る》。それが、家に対する人々の意識を一変させたというのである。柳田は、「精神史」や「文化史」として語られてしまう事柄を、微細な偶然的な事件のごときテクノロジーの側から見る視点をもっていたのである。こうして、一般的な構造ではなく、ささいなディテールの累積に意味を見いだす方法は、アナール学派に見られる今日の歴史学から見ると、かえって先駆的であり、またそのように評価されている。

たぶん、こうした歴史学からの評価の方が、人類学や民俗学の側からの評価よりも、柳田の仕事の特性を示しているといえる。というのも、柳田の学問は、広い意味で史学だからである。だが、それを近代の歴史学という観点から見ることはまちがっている。アナール学派はいわば「綜合的視点」を目指している。それと、柳田の「綜合性」は根本的に異質なのである。

二

柳田はけっして自分の仕事を定義しなかった。これは自己韜晦ではない。たとえば、常民にかんしても、柳田が、常民という語を、彼の資料採集がある程度達成されるまで用いなかったことは、注目に値する。これは、英語のcommon peopleの訳語であるが、彼は、それを直ちに訳そうとはせず、さまざまな言葉で呼んでいた。このことは、folkloreの訳語である民俗学に関しても同様で、彼はこの言葉を長く避けていた。民俗学にかんする概論書でも、彼は、「民間伝承論」というタイトルをつけている。これは、イギリスの人類学と同じ水準で仕事をしていた南方熊楠とは対照的である。南方にとっては、日本の民間伝承は、〝普遍的〟な「原始心性」の一例にほかならなかったのである。

柳田のこの慎重さは、日本の学問が、外国（中国や西洋）における概念や定義をそのまま日本に適用してしまうところからはじめることによって、現実をとらえそこなうのみならず、混乱を累積してしまうという経験にもとづいている。まして、彼の対象は、そのような知識がかつて無視してきたことがらにかかわるのだから、いっそう慎重でなければならなかった。次のように、民俗学を定義したとき、彼はすでに主要な仕事を完了していたのである。

> 今までの言葉の通俗な用途では、英米のフォークロアはまず日本民俗学でいう第二部と第三部だね。いわゆる有形文化は語原的に入らない。言語の生成変化なども、私らは確かに日本民俗学の対象になりうると思うのだが、英国ではこれはフォークロアには入れていません。フランスでも入れておらぬらしい。ドイツのフォルクスクンデでは、地方語現象は少なくとも管轄の中にある。国ごとに行き掛りもあって一様とは言えないが、これは国ごとに独自にきめていってよいものと私は思う。永いあいだにだんだん実験したことは、食物のような卑近な物質的な生活様式ですらも、みな背後に

信仰なり人生観なりの裏づけがある。これから入っても民族の精神生活のかなり深いところには入って行かれ、またそれを怠っては他の部面の伝承のわかるべきものがわからなくなる。たとえば婚姻や葬祭と食物、酒食の作法によって昔からの人の考え方が初めて明らかになる場合が多いから、私たちは初めて綿密にそういうものを観察しまた記述する。それを英語で言うときはやはりフォークロアと訳するほかはないのだが、尋常の英米人の概念とは違うので、すぐにそんなのはフォークロアじゃないという。向うではフォークロアは言い伝え、口碑、昔話とか謎、諺、そんなものを中心にしている様子である。あちらの雑誌をみてもそれがよくわかるが、つまり彼らの民俗学は第二部といった部分に片より過ぎている。学問の範囲などは、やはり国々のこれにたずさわる者の仕事の都合できめるほうがよい。　（「民俗学から民族学へ」傍点柄谷）

「国ごとに独自できめていってよい」という意見は、すでにより一般的な民俗学のイメージを形成した時点からの発想であるが、柳田が「民間伝承論」というような名称を選んでいた時期には、彼は自分のやっていることがフォークロアにもフォルクスクンデにも入らないことを自覚していたはずなのだ。そして、フォークロアが英米の、フォルクスクンデがドイツの〝経験〟に根ざしており、それらがおかれた歴史的な与件に規定されているだけでなく、その与件の意識化にこそ民俗学の本質があると考えるにいたったとき、柳田にとって、民俗学は歴史の〝方法〟として普遍化されえたのである。柳田にとって、民俗学は〝方法〟であって、その対象によって定義されない。

したがって、フォークロアといおうが、民俗学とよぼうが、そのような概念は、柳田が実際にやりとげた仕事の総体と切りはなしては意味をもたない。つまるところ、柳田がやろうとしていたのは「歴史」である。しかし、それは歴史学ではない。というより、近代の学問の名称では規定することができない。柳田自身がそれを自覚していた。彼は、自分の学問を「新国学」と呼んでいる。この場合、注意すべきことは、それが狭義の「国学」に対していわれているのではないことである。具体的な行政から離れて学問を考えたことのない柳田の場合、それは「国学」よりも、それを派生させた荻生徂徠のような儒学とつながっている。

たとえば、本居宣長は自分の仕事をたんに「古学」とよんだ。それは、彼が敵対した儒学において、伊藤仁斎が「古義学」、荻生徂徠が「古文辞学」と呼んだものを日本の古代にふり向けることであった。宣長は徂徠派の学者の弟子として出発したのであり、徂徠と方法的に類似していることは明らかである。彼らが共通しているのは、反朱子学的であることだ。簡単にいえば、朱子学は、「理」が自己にも世界にも内在していると考え、また努力によってわれわれがそれに到達できると考える。この結果、感性的なものを否定する道徳主義が生じるだけではない。歴史的に存在したことすべてが合理化される。伊藤仁斎や荻生徂徠が批判したのは、この「理」の内在性であり、いいかえれば、世界を理論的に説明しうるという姿勢である。

いうまでもなく、中国における朱子学と、日本におけるそれとは違っている。徂徠たちが批判したのは日本的朱子学だといった方がよい。つまり、たんに朱子学だけではなく、日本に輸入されたどんな思想も、それが現実と無関係にまず規範とされ、それに対応すべく現実が解釈されたり発見されたりするような場合、それは〝朱子学〟的なのだといってよいだろう。もし人類学の概念をとりいれ、それで日本の民俗を解釈するならば、それはいわば朱子学的なのだ。日本におけるマルクス主義も、この意味で朱子学的であった。柳田の経験では、ドイツから輸入された農政学は、新しいタームで現実を解釈することを可能にしただけで、実際には農民の利益に反して機能している。柳田は、明治期に導入されたどんな思想も制度も、科学的であろうと、実証的であろうと、逆に朱子学的に機能せざるをえないことを自覚していた。

まさに、この意味で、柳田は、江戸時代の註釈学者の姿勢と近似するのである。彼が、用語（概念）の使用にかんして極度に慎重であった理由もそこにある。このことは、明治時代だけでなく、古代からくりかえされてきたことだからである。古学とは、このような概念の濫用によって隠蔽されてきた現実を明らかにすることにほかならない。柳田は、江戸時代の古学がやろうとしたことを、民俗学という方法でやりなおそうとしたのであって、その民俗学が西洋の受け売りであってはならないことは自明である。

神道は、もともと仏教をとりいれて形成されたものであるが、さらに江戸時代には、朱子学者がそれを儒学によって再解釈している。本居宣長が反発したのは、そのような神道である。神道は、かくして仏意《ほとけごころ》や漢意《からごころ》におおわれている。「理」によって整序されたいわゆる神道は、真の「道」を隠している。「神の道」は、理論でもなく信仰でもなく、事実としての「古《いにしえ》の道」であり、「理」(道徳や論理)によって想定されるものをこえたものだ。したがって、古事記に記されたことをその通り受けいれて読まなければならないと、彼は考えた。だが、それは、結局古事記を絶対化することになる。

ところで、徂徠にとって、道は、「民を安んずる」ために、聖人(中国古代の王たち)によって立てられた政治的制度のことである。これは、道を道徳的、宗教的に理解する朱子学に真っ向から対立する見解であった。徂徠にとって、古学は、古代の聖人によって作為された制度を探求することだといってもよい。宣長は、道が、主観的な精神や理論をこえて、客観的な事実としてあるという見方を徂徠から受けつぎながら、古事記に書かれた

「古の道」を絶対化してしまった。それが歴史的な制度であるという視点が見失われたのである。

この点で、柳田は、国学者宣長よりも、儒学者徂徠に近かったといえる。柳田にとって、学問は、「経世済民の学」であり、「実際に役立つ」ものであった。この意味で、彼にとって、農政学と民俗学の差異はほとんどなかった。いずれも農民の生活を「安んずる」ためのもので、ただ後者は、それを信仰心意のレベルで考えることなのである。というのも、「食物のような卑近な物質的な生活様式ですらも、みな背後に信仰なり人生観なりの裏づけがある」からである。

荻生徂徠は、「学問は歴史に窮まり候」という。この意味で、柳田の学問もまた、歴史学なのだ。ただ、それは、明示的な事件や制度の歴史ではなく、むしろあまりに自明であるために意識にとって隠された諸制度——それは自然ではなく歴史的であるが故に変革しうる——を明らかにすることである。したがって、彼のなかでは、歴史学と民俗学が対立することはありえない。彼は、学問とは古学であるというような江戸以来の知の形態を受けついでいるのであって、それを近代の歴史学と混同してはならない。柳田にとって、民俗学は、古学の〝方法〟としてある。

益田勝美は、「南方と柳田が、ともに一九一〇年代に伝説研究に力を注いだのは、古い

〈神〉の姿をつきとめたかったからであろう。しかし、その大きな課題に立ち向かうふたりの姿勢は微妙に違う。南方は、〈人類の原始心性〉を日本でもみようとしており、柳田は〈日本の神〉の顔をかいまみようとしている」と、いっている（「民俗の思想」）。しかし、柳田の求める神が、いわゆる神道のそれと異なることはいうまでもない。折口信夫は、柳田の学問が「一口にいえば」「神を目的としている」といい、「今迄の神道家と違つた神を先生が求めてゐられる事を知つた」といっている。さらに、「さう言ふ学問を立てよう〳〵と、陣痛期の長い苦しみを経て、ひよつくりとふおくろあに行き逢われたのです」、「先生も長い間の暗中摸索の末に、西洋のふおくろあの本に行き当られたものと思ひます」といっている（「先生の学問」）。

折口の指摘は、柳田がフォークロアを古学の方法として見いだしたという点で正確であるが、やはり、折口と柳田とのあいだにも決定的な差異があったことを忘れてはならないだろう。神を目的とするといっても、それは、柳田にとっては、狭義の宗教の問題ではなかったが、折口は、戦後「神ここに敗れたまひぬ」と歌い、「神道宗教化の意義」や「民族教より人類教へ」といった論文を書きつづけたように、ある意味で、狭義の神道の内部に属していた。しかし、柳田のいう日本人の「固有信仰」は、いわば〝事実〟の問題にすぎなかった。基本的に、それは先祖信仰の一種であって、仏教や神道や儒教のような「宗教」と同列におかれるものではない。ただ、柳田は、そのような宗教の背後に日本人のなかで生きつづけているものを、固有信仰とよんだのである。彼は、固有信仰なるものをそれ自体としてとりあげたことはほとんどない。しかし、どんな対象をあつかっても固有信仰にまで遡行しなかったこともほとんどないのである。それは、柳田の窮めようとした固有信仰が、たんなる心意現象でなく、人間のあらゆる行為をふくんでいたからである。

つまり、固有信仰は、個人の内面的な問題ではなく、また原始的心性でもなくて、日本人によって生きられてきた「事実」の問題であった。そして、彼はこれをいわば「経世済民」の立場から見ていたといえる。折口と対照的に、柳田は、戦後も枢密顧問官として活動し、占領軍の宗教政策に対して自らの政策を主張したのである。彼は、民俗あるいは固有信仰にかんして、折口のように宗教家ではなく、いわば政治家として動いたのであって、これも徂徠的な儒者の立場からみれば当然のことである。しかし、それは、たんに柳田がそう考えていたからというだけではなく、それが可能であるような条件をもっていたからである。

たとえば、丸山眞男は、荻生徂徠についてこういっている。

華かなる元禄文化の蔭には既に都市にも農村にも、或は消極的な腐蝕を通じて、或は積極的な反抗によつて封建的権力を脅かす一切のモメントが出揃つてゐた。しかもこれらのモメントはいづれも未だ根本的な打撃を封建社会に与へる程に強力な生長を遂げてはゐなかつた。徳川封建社会は最初の大きな動揺を経験しつつもなほ全体として健全性を喪失しなかつた。徂徠をして儒教を「政治化」せしめた社会的契機はまぎれもなくここにあつたのである。けだし支配層における政治的思惟の優位はつねに二つの限界線によつて条件づけられる。まづそれは一応安定した社会には起りえない。そこでの普遍的な意識形態は秩序のオプティミズムである。なんらかの社会的変動によつて支配的立場にあつた社会層が自らの生活的基礎を揺がされたとき、はじめて敏感な頭脳に危機の意識が胚胎し、ここに「政治的なるもの《ダス・ポリーティッシェ》」が思惟の前景に現れ来る。しかるに他方社会が救ひ難い程度にまで混乱し腐敗するや、政治的思惟は再び姿を消すに至る。それに代つて蔓延するものは逃避であり頽廃であり隠蔽である。この中間の限界状況（Grenzsituation）にのみ、現実を直視する真摯な政治的思惟は存立しうる。徂徠はまさにこの状況に置かれることによつて、「聖人ノ道ハ世ノ政道トハ各別ノ事ノヤウニ人々ニ思ハスルハ誰ガ過ナルベキ」として朱子学のオプティミズムを否定し、儒教の政治化を通じて是を「世ノ政道」の哲学的基礎たらしめんとしたのである。

（『日本政治思想史研究』傍点柄谷）

儒学が「政治的」たりうるのは、儒者が行政に参与することができ、且つそれが有効でありうる時期にかぎられる。いうまでもなく、徂徠や白石の時代はそのような時期であって、のちの国学者においては、「政治的思惟」は姿を消している。というより、国学とはむしろ政治的な絶望形態なのである。

同じことが、明治初期・中期の学者・官僚とそれ以後の者たちについていえるだろう。柳田は明治中期のエリート官僚であり、また彼がなし考えることが農政を創り且つ動かしえたのである。もちろん、彼は、尊敬していた官僚＝文人森鷗外と同様に、政治的な無力を感じていただろうし、そのために民俗学におもむいたといえるかもしれない。しかし、彼はけっして絶望はしなかった。あとの世代にとって、明治時代に確立された諸制度は、既成のものとして動かしがたく映っていたとしても、柳田にとってはつねに変形可能なものでしかなかったからだ。

このような信念は、明治初期・中期の知的エリート以外にはありえなかったといえる。それ以後の世代は、もはやそのような「政治的思惟」をもちえなかった。むしろそのために、彼らにとっては、「人類」や、「真理」といったものが目標とならざるをえなかったのである。政治性を回復したマルクス主義者にしても同様である。それは、政治的参与の可能性をうしなった知識人が見いだした「政治」なのである。

しかし、本当は、こうした観点のみからでは、柳田の特性を見ることはできない。たとえば、丸山眞男の言い方は、徂徠における「政治」の意味を西洋思想史におけるそれと同一化しすぎている。徂徠における政治学の根拠は、「礼楽」、いいかえれば、「詩」なのである。徂徠自身が詩人であり、徂徠学派は戯作者をふくめて多くの文人を輩出した。国学もここから生まれたのである。徂徠において、政治は詩と対立していない。そこに、いわば、文人でなければ政治家たりえないという儒学の思考がある。

柳田はロマン派詩人であり、島崎藤村や田山花袋をリードさえしたが、途中で文学を否定し農政学に専念したということになっている。しかし、柳田自身が回想しているように、彼がロマン派であったということはできない。彼は文学と絶縁したのではない。もともと、彼にとって文学は政治の外にあるものではなかった。たとえば、西洋でも、ゲーテのようにロマン派のように見えてそうでない人がいる。彼も政治家であった。ただ、柳田の場合は、明らかに徂徠のような伝統のなかで見られるべきである。柳田の「綜合性」と私がいったものは、必ずしも柳田個人の特性ではない。しかし、それは、すでに明治中期以後に生まれた人たちには存在しえなかった。ほとんどそれを語ることさえ難しい。

柳田は、かつて桑原武夫にほぼ次のように語ったといわれる。

明治初期に生まれた学者は、忠義はともかく、孝行ということだけは疑わなかった。自分なども『孝経』は今でも暗誦できる。東京へ出て勉強していても、故郷に学問成就を待ちわびている父母のことは夢にも忘れることができなかった。人間には誰しも怠け心があり、酒をのみに行きたい、女と遊びたいという気も必ずおこるのだが、そのとき眼頭にうかぶのが自分の学資をつむぎ出そうとする老いたる母の糸車で、それは現実的な、生きた「もの」である。ところが、私たち以後の人々は、儒教を知的には理解していても、もはやそれを心そのものとはしていない。学問は何のためにするのか、××博士などは、恐らく真理のため、世界文化のため、あるいは国家のため、などというだろうが、それらは要するに「もの」ではなくて、宙にういた観念にすぎない。観念では学問的情熱を支えることができにくい。平穏無事な時勢は、それでも間に合うように見えるけれども、一たび嵐が吹きあれると、そんなハイカラな観念など吹きとばされてしまう。

（花田清輝「柳田國男について」）

柳田はここで、彼の多様な活動を「綜合」しているのが儒教だということをひそかに告げている。それは「知的に理解された」ものではない。「真理」とか「世界文化」とか「国学」とかいったものが「宙にういた観念」でしかないように見えさせる何かである。もちろん、儒教といってしまえば、それも「宙にういた観念」となるだろう。いわゆる思想史において語られているのは、そうした観念にすぎない。

柳田の民俗学的研究が組織的に拡大した大正期に、彼のもとに参加した折口信夫のような人々は、この意味で柳田と決定的に断絶していたのである。柳田において、「儒教」は「もの」のように生きている。あとの世代にとって、それは排斥さるべき観念でしかない。柳田の場合、道＝政治であるがゆえに、「固有信仰」はまた政策・制度の問題であって、彼はそれについて一貫して実践的に発言し行動しつづけたのである。要するに、折口信夫にとって、〝神道〟は、宗教の問題であり、南方熊楠にとっては人類学的対象であった。したがって、われわれにとっては、柳田よりも彼らの方が理解しやすいのである。だが、この理解しにくい柳田の側面に、柳田学の秘密がある。

三

くりかえしていえば、柳田にとって、民俗学は古学の「方法」である。古学という江戸以来の学問形態に近代科学の方法がとりいれられたという逆説は、驚くべきことではない。それは、明治時代に導入された西洋の近代科学が「朱子学」として機能したという逆説に対応するものだ。したがって、近代の学者が新しいタームや概念で現実や過去を片づけようとしたとき、それに反してより〝科学的〟であろうとすることが、かえって前代の学者に似てくることになったのだ、といってもさしつかえない。内容的には彼のやったことは、徂徠や宣長とはまったく異なるとしても。

柳田は、民俗学の方法が、史学を〝科学的〟なものたらしめると考えた。なぜなら、それは偶然に残された史料によるのではなく、いわば〝実験〟しうるものだからである。

> 実験は必ずしもレトルトや顕微鏡等の操作のみを意味して居らぬ筈だ。さういふ直截簡明なる実験は、なんぼ幸福なる自然科学でも、必ずしも其全部には許されて居ない。早い話が生理学の大部分である。
>
> （「郷土研究と郷土教育」）

この「実験」は、民俗学の方法が現存している人々の「意識」において確かめうることがらにもとづくということであり、たまたま遺された資料に依存するのではないということを意味している。たとえば、柳田は、考古学について皮肉をいっている。《近年の大きな発見とも言ふべきは、殆と皆端緒を偶然に得て居るので、貴方まかせの御他力学問である。コベルンの「ザ・ニュー・アーケオロジカル・ディスカヴァリーズ」に書いてある事だが、リビヤ沙漠の寺院跡を掘つて見ると、二尺余りの鰐の子の剝製ばかり数多出て来て、他には何も無い。腹立ち紛れにポンと蹴つた途端に腹が割れて、腹の中には、失はれた町に関する古文書の反古が一杯つまつて居たといふのである。鰐を蹴らねば進まぬ学問では心細い。かゝる学問の完成をどうして待つて居られようか》(「文化運搬の問題」)。

もちろん、これは考古学は非科学的だということを意味するのではない。要するに、柳田は、古学(史学)が、国学者のように古事記の如き文献による必要はなく、われわれ自身の「内省」によって可能であり、したがってまた実践的に有効であることを強調したかったのである。

彼は、史学が〝実験〟的でありうる根拠を次のようなところに求めている。

私などの企てゝ居る研究では、歴史は竪に長い細引のやうなものとは考へられて居ない。寧ろ是を考察する者の属する時代が、切つて与へたる一つの横断面と見るのである。此横断面に頭を出して居る史実、即ち過去にあつたらしき事実の痕跡は、実際はその過程の色々の段階に於て自分を示してゐる。我々の社会生活は決して均等には発達し展開して居ない。是には新しい文化がいつも都市といふ僅かな中心から、入つて来たといふことが一つの大いなる便宜であつた。即ちその文化改革の中心からの距離が区々である為に、所謂おくれた地方又は人を生じ、是に又無数の等差が認められるのである。殊に日本はこの横断面の、最も錯雑した国であつた。山嶺の区劃があり、多数の小さな盆地の孤立があつた。さうしてその区々の文化は、今までは多く他の振合ひを見ずに展開し、従つて甲乙丙丁の間に、種々なる変化と偶然の一致とがあり、互ひに遠く隔絶した土地の多くの一致は、概して其根原の年久しいことを思はしめる。それよりも尚著しい我邦の特徴は島の分立であつた。

（「郷土研究と郷土教育」）

柳田の右の考えは、たとえば「方言周圏論」という説に象徴的に示されている。日本の方言は中央から波紋のようにひろがって分布していること、それゆえ中央の深層は辺境では表層として露出していること、また南北の両端で一致するものがあればそれは時間的に古層として確定しうること。柳田のいう実験的な史学は、右のような認識あるいは条件と切りはなすことができないのである。このゆえに、島国の日本は「民俗学の宝庫」である。柳田は、書かれた資料を排除したのではけっしてなく、いわば方法的にカッコに入れたのである。口承や伝説に依拠するのは、文字文化を否定するためではなく、前者のなかに簡単には変化せず、変化するときには必ず社会の構造的変化がひそんでいるような客観性を見いだしたからである。

こうして、柳田にとって、民俗学は、歴史学を「実験の学問」とし、且つ「内省の学問」たらしめるものとなった。だが、このことが、柳田学を方法的に限界づけるものであったことは否定できない。というのは、現存している〝自然村〟は、基本的に室町時代あたりに形成されたものであり、われわれの「内省」によってはそれ以上に遡行できないからである。彼自身、民俗学の方法では室町時代ぐらいまでしか遡行できないといっている。すると、彼のいう「固有信仰」は、歴史的にかなり近世の産物だというべきなのである。したがって、それを『海上の道』のようにはるか古代にまで確認しようとした柳田の仕事は、〝非科学的〟であるというほかない。

しかし、ここで、あらためて柳田の「限界」をのべても仕方がない。すでに、私は最初に、柳田に対する現代の科学＝学問の側からの批判についてのべた。むしろ私にとって興味深いのは、柳田学の「綜合性」が、理論と実践、政治と学問を截然と分けないような知の形態によるということである。柳田の仕事を金科玉条とすることは馬鹿げているが、たんにそれを「厖大な資料の蒐集と実証的な探索」として片づけることはできない。柳田国男は、彼の対象が文明化とともに失われてしまう危機感を抱いていたが、むしろわれわれにとって失われてしまったのは、柳田において存続していたような知の形態であったというべきである。

柳田はこういっている。

更にもう一つ気をつけなければならぬことは、人生には目に見えぬ複雑な原因があつて、所謂常識は退歩し悪化する場合もあり得るといふ点である。是が若し不幸にして暴威を逞しうし、新たに次の時代を組織せんとする諸君と対立し、又時として圧迫する場合はどうすればよいか。現今の平凡には、幾つかの恕し能はざる矛盾不条理弱点のあらうことは私も認める。しかし是を痛罵漫罵して見た所が、もと〳〵自分たちでこしらへたものなのだから、言はゞ鏡を見て我が顔の悪口をいふやうなもので、愉快でも何でも有りはしない。ましてそれと力闘するなどは無法な話である。何となれば是が一代の文化の綜合的な姿であり、又其中で呼吸せずには居られない人生の空気でもあるからである。然らばどうして居ればよいかといふと、一言でいへば反省すればよいのである。幸ひなることにはこの我々を包むものは、刻々も変化せずには居なかつた。之を自然の推移に任せて置いても、結局は漸次に生活の現実と適応しようとして居る。だから私などは必ずしも大きな悲観を抱いて居ない。たゞ歴史が教へる如く、折々は無駄なまはり路、損な割引をしてそこへ到着することになるのが、惜しいと思ふだけである。微力ではあるけれども我々は、ひろく一般の同胞と共に、最も精確に是までの経験を吟味して、この自意識の途を歩み進まうとして居るのである。さうして其方法としては至極手軽な、すぐにも実現に移すことの出来る一つの学問の既に生れて居ることを、諸君に向つて報道したいのである。人が日本民俗学と呼んで居るものが即ち是である。世上に入用が無ければ静かに楽しみにも学ぶことも出来るが、この知識をさし当つての人生の疑惑解決に、応用しようとすればそれも可能である。要は日本人の年久しき経験の、今まで心づかずに居たものが許多であつたことを、認め得た者が之を役立たせることが出来るのである。

（「平凡と非凡」）

われわれは、もはやこのように平凡にして非凡な言葉を吐くことはできない。今日の保守主義者が似たようなことをいっても、それはせいぜい「観念」にすぎないのである。柳田の学問は、失われたものの回復ではなく、その「愛惜」にほかならなかった。同じことが、柳田学についてもいえる。私は、柳田学がもつ「綜合性」をとりもどすべきだといいたいのではない。そんなことはありえない。柳田学の「歴史的限界」はすでに何度も言うように明瞭である。しかし、マルクスが「ギリシャ芸術」にかんしていったように、もはや二度ととりかえしえないがゆえに、柳田学はわれわれにとって「規範」たりつづける。

追記

その後にあらわれた、重要な柳田学への批判として、村井紀の『南島イデオロギー』(福武書店)がある。それは、柳田が官僚として、植民地行政、とりわけ、日韓併合にコミットしたこと、そして、たとえば、彼のいう「山人」のアイデアが台湾の部族から来ていること、さらに、柳田自身がこうした政治的加担への反省のために、対象を日本のなかに限定し、且つ「南島」に向かったというものである。日本民俗学はそうした「内面化」の所産である。

しかし、個人的な攻撃のように見えるけれども、村井紀の論考は、逆に、柳田とその仕事をグローバルな視野に置くものである。たとえば、西洋の人類学は植民地主義によってのみ可能であったし、また、その「原罪」を背負っている。村井が示したのは、日本における民俗学も人類学も、その例外ではなかったということである。つまり、人類学は「純粋な」学問としてありえないのだ。それは、他の近代の諸学問も例外ではないが、たぶん最も矛盾を露出するところである。村井紀のような認識は、今日現実に、日本がアジアにおいて経済的な支配を強めている状況において出てきた。その場合、無垢で純粋な「人類学」あるいは社会科学がありうるだろうか。われわれはなんらかのかたちで状況にコミットしているのである。柳田学に露呈する矛盾は明らかである。しかし、それはそもそも彼が矛盾を実践的に避けなかったところにある。

柳田国男試論　一九七四年

I　思考と抽象

一

柳田国男は言葉について次のようにいっている。

もとはコトノハとも謂つて居たのを見ると、多分は草や木の葉にたとへたもので、それが年々に繁り栄えてはやがて又散り失はれ、再び其跡から大よそは同じ形のものが、次々に芽を吹き伸びて行くことを、最初から承知し又あてにして居たやうに思はれる。

（「國語の成長といふこと」）

こういう説明を聞くと、私はなにか確実なものに根をおろしたような気がする。現代の言語理論の先端は、いいまわしは難解だが、結局は右のような認識に近づいている。私が驚くのは、コトノハというイメージがすでにそういう認識をふくんでいるということではなく、柳田がそこから発見してきたものの方である。

新鮮なのは柳田の認識なのであり、またコトノハという古人の命名のなかに深い洞察をみようとする柳田の精神の働きなのである。柳田は一見何気なく語源を説いているようにみえるが、コトノハという言葉が豊かな意味を帯びてよみがえってきたのは、もっぱら柳田固有の方法によるのである。

われわれは子供のときから言葉、言葉といってきたが、すでにそのとき意識せずに言語の本質を予知していたとすれば、われわれが認識するとはプラトンがいったように想起することにほかならないかもしれない。このことは容易に片づけられない重要な問題である。もとよりわれわれはコトノハというイメージをもとにいかに考えても、けっして言語に関する認識に到達することはない。そこには抽象という手続きが欠けているからである。柳田が先のように述べたときには、ある種の抽象がある。ただ抽象理論の形態をとっていないだけであって、注意深くみるなら、柳田のような思考のなかにこそ真に抽象とよぶべき性質があるのだ。

たとえば、われわれは西欧の言語学のタームで考えることをあたかも理論的なことであるかのように錯覚している。だが、西欧の言語学あるいは哲学は、まさに西欧の言語のなかから成熟してきたのである。それは自己了解であり、自己を定義する（明瞭化する）過程と同一である。それは必ずしもギリシャ・ラテン語という基礎にすべてを負うているのではない。

たとえば、ハイデッガーはドイツ語の“Es gibt”（……がある）という構文から、ラテン系の哲学を全的に転倒する存在論を展開している。これは英語にもフランス語にも翻訳しえないドイツ語独特の表現だが、おそらくハイデッガーはそこに、古代ゲルマン人が彼のいうような存在論的認識を「最初から承知して又あてにして居た」と直観していたように思われる。

だが、彼の哲学はドイツ語でなければわからぬというようなものではない。彼の哲学は普遍的であり、普遍的でなければもともと哲学ではありえない。ドイツ独自の哲学とか日本独自の哲学などというものはありはしないのである。

しかし、重要なのはハイデッガーの哲学の最も本質的な新しさが、最も古く最も日常的なものと結びついているということだ。いいかえれば、彼の思考がネイティヴな言語、すなわち最も古く最も日常的なものを、内省し抽象したものにほかならないということである。ここには板についた思考がある。つまり自己省察がある。哲学者はそれぞれの国語で、考えるばかりでなく、実はそれぞれの国語を考えるのであって、これらは切り離すことができない。

柳田国男は日本民俗学を「内省の学」とよんだが、そうよんだとき彼はフォークロア一般と彼のやっていることの本質的な相違をいっていたのである。たとえば、真淵や宣長の文献学は今日の文献学とは本質的にちがっている。なぜなら、前者にとって古語について考えることは、たんなる言語学でも史学でもなく、哲学そのものにほかならなかったからである。

朱子学や陽明学のような哲学だけが哲学なのではない。同様に西欧哲学だけが哲学なのではない。しかも、注目すべきは、宣長が最も影響を受けたのが荻生徂徠だったという事実である。これは柳田が最も影響を受けたのが西欧哲学・科学だったことと類似するのだが、柳田のいわゆる「新国学」とは、なんら西欧哲学・科学に異を立てたものではない。彼は異なった土壌の上で同じ方法でやってみせただけだ。日本語で考えただけでなく、日本語を考えた人である。

そして、この考えるということには一つの普遍性がある。そういう普遍性を柳田の思考のなかに見出すとき、われわれは彼を民俗学という一ジャンルのなかに閉じこめておくことはできない。民俗学だけではない、「内省の学」でないような学問は、結局われわれの根幹の部分からはなれた枝葉末節の空疎な知識にとどまるほかはない。

二

言葉の語源がコトノハだということは、つまらぬ知識である。同様に民俗学的な知識もたんなる物識りの域を出ない。もしそれがわれわれ自身の内省として、自己省察として得たものでないならば。知るということは、すでに知っていることを発見するということである。いいかえれば、現にすでにやっていることを知ることだ。そうでない知識などはなにものでもない。柳田の学問が「自己省察」という言葉に尽きる所以はここにあるが、なにも柳田にかぎったことでも民俗学にかぎったことでもない。

アランはこういっている。

nécessaireという語の抽象的な意味（必然的）は、多くの人たちから逃れてしまう。しかし、この語の普通の意味（必要な）は、直ちに、nécessité（必然性）がどのように私たちをとらえているかを思い出させる。

（『思想と年齢』）

こういう思考《パンセ》は力強い。どこまでも抽象的な思考に堪えられるが、しかもどんな具体的な経験をも手放していないからである。〝必要〟というものがわれわれに〝必然〟の何たるかを示す、そして必然性という観念について何も知らぬ者も、〝必要〟が彼に強いた認識は十分にもっている。そうアランはいっているのである。

眼に一丁字ももたぬ村民のなかにも、立派な智慧をもっている人々がいると、柳田はくりかえし語っている。彼のいうことはアランと同じことだ。必要というものに強いられて体得した実践的な智慧が、習いおぼえた必然の観念を馬鹿にするのは当然のことである。歴史の必然などというものを知らなくても、人々はさまざまな必要に強いられて何かをやってしまうということは知っており、そしてその方がはるかに確実な認識である。

柳田がとらえたのは「世相史」だが、われわれはそこにむしろ柳田が「歴史の必然」をとらえていることを見のがしてはならない。たとえば木綿の導入がどんなふうに人間関係や社会構造を変えていったか。そこには上昇したり没落したりするさまざまな人間の劇が見えてくる。彼らを動かしているのは「歴史法則」というようなものではなく、実際の必要であり、むしろこの必要というものがわれわれに必然というものの本質を啓示するのだ。

これは美についてもいうことができる。坂口安吾は、ブルーノ・タウトの礼讃した桂離宮などはつまらないもので、小菅刑務所とドライアイスの工場と軍艦をあげてこういうものが美しいのだといったことがある。それらは、「ただ必要なもののみが、必要な場所に置かれた。そうして、不要なる物はすべて除かれ、必要のみが要求する独自の形が出来上っている」からである。

僕の仕事である文学が、全く、それと同じことだ。美しく見せるための一行があってもならぬ。美は、特に美を意識して成された所からは生れてこない。どうしても書かねばならぬこと、書く必要のあること、ただ、そのやむべからざる必要にのみ応じて、書きつくされなければならぬ。ただ「必要」であり、一も二も百も、終始一貫ただ「必要」のみ。そうして、この「やむべからざる実質」がもとめた所の独自の形態が、美を生むのだ。

（「日本文化私観」）

ここにも力強い実践的な思考《パンセ》がある。私はあえてそれを思想《パンセ》とはよばない。哲学ともよばない。しかし、言葉の真の意味において、安吾や柳田のような人が〝フィロソファー〟なのであって、日本ではいわゆる哲学者は不必要なことを学ぶ暇人にすぎないのである。それは活きた思考、すなわち「必要」によって強いられ「やむべからざる実質」を具現した思考ではない。

したがって、そこには真の意味で文体というものがなく、それが生む美がないのである。ことは社会科学についても同様なので、問題は文章技術などではない。柳田は名文家でもなんでもないので、彼はただ正確に明瞭に書こうと努めただけであり、疑いようのないことだけを書こうとしただけである。だが、「必要」というものを知ることはけっして容易ではない。

実はここに厄介な事情がある。アランがフランス語で考えるときの、あの確かな足どりは、われわれが日本語で思考するととたんにあやふやになってしまう。その原因は、たとえば必要と必然が全く別個の観念のようにみえ、思考と思想が異質の観念のようにみえるところに、総じていえば、抽象語が具体的な経験をふくんだ語と切り離されて存在するというところにある。

三

柳父章は『翻訳語の論理』のなかで、日本が漢字を導入して、和漢混淆文という独創的なスタイルをつくり出して以来、こういう遊離がはじまったといっている。つまり、われわれは日常的な経験を内省し抽象化していく手間をはぶいて、ただちに抽象語（漢語）にとび移るか、もしくはとび移るまいとしても言葉がないからそうせざるをえないのである。

歴史的にそうであるばかりでなく、現存的にもそうであって、「知識人と大衆」とか「外来思想と土着思想」といった二重構造があらわれるのはそのためだが、しかし実際には「外来思想」とか「土着思想」とかがそれ自体としてあるわけではない。あるのは、いまだ抽象（内省）されたことのない生活的な思考と、それを抽象するかわりに別の概念にとび移った、つまり真の意味で《抽象》というものを知らない思考だけである。しかしこの問題がたんに知識人批判にとどまりえないのは、われわれがものを考えるその根本のところにまといついているからである。

その事情を、柳田はたとえば次のようにいっている。

希臘《ぎりしや》は精確な好い言葉を、無数に持つてゐた国民として羨まれて居るが、彼とても一度は原始時代があつたらう。最初から六つかしい概念の語を抱へて、此世に現はれて来た気づかひは無い。やはり今までの日常用語を分化させ又限定して、追々と物を考へるのに便利な語を造つたので、多分彼等の隣に漢語も英語も無く、同時に又吉備真備とか加藤弘之とかいふ人が居なかつた御蔭であらう。言はゞ我々は余りに気短かであつた。我家の釜の飯の熟するを待つて居られないほど、新らしい知識に飢ゑて居たのである。

（『國語史新語篇』）

われわれは、「日常用語を分化させ又限定して、追々と物を考へるのに便利な語を造」ることをほとんどやっていない。和漢混淆文といういわば独創的なスタイルは新しい概念を導入するのに便利だが、日常語を抽象化していく手続きを省かしめて、われわれに固有の厄介な問題を与えたのである。柳田がつねに真剣に考えていたのは、広義の「国語教育」であった。それはむしろ思考教育といいかえてもよいかもしれない。

抽象するとは、いいかえれば定義する（define）ということである。「日常語を分化させ又限定して」いくこと、すなわちそれを明瞭化（define）することである。これはたんなる言語論の問題でもないし、思想の問題でもない。定義するというその努力の過程こそが、思考の名に値するので、これをおいて思想などというものはない。あるのはせいぜいシャツのように着たり脱いだりできるものにすぎない。

定義すること、明瞭化すること、その過程に思考がある。本当に重要なのはそういうことであって、たとえていえば柳田国男の思想などというものはなく、動的な活きた思考だけがある。彼がくりかえし日本民俗学を「自己省察の学問」「人生観察の学問」とよんだのは、結果よりも過程こそを重視したということを意味する。彼は過去を知らなければならないといったが、その過去はわれわれが書物で知るようなものではなく、現にわれわれがそこで生きており行動しているところの過去である。

つまり、われわれはすでに過去を知っている。わざわざ他所に求める必要はない。すでに知っているその過去を明瞭化すること、たとえばコトノハ（言葉）をその具体的な意味においてとらえなおすこと、そういう過程が「自己省察」にほかならないのである。

文字導入以前の日本人は、言と事を分離しないでコトとよんでいた。これを「未開人の思惟」といってしまえば実もフタもあるまい。むしろ、われわれはコトという両義性のなかに、事物を通して思考する「具体的な思考」を、ザッハリッヒな思考をみるべきなので、本来、理（ことわり）とはコトをワルこと、つまり事物の理は精神の働きと同時にあるというようなことを、「内省」によって知りうるはずなのだ。ヘーゲルの『精神現象学』は、日本語のコトの両義性を考えれば、すこしも難解ではなく「客観的観念論」というようなものでもない。

四

ところで、われわれは理性とか社会とかいった言葉をつかうとき、それを分別とか世間とかいった言葉と完全に分離している。分別も世間ももとは仏教用語だが、日常化して包括的な意味を帯びるようになっている。柳父章が指摘しているように、英語やフランス語ではこれらは同じ言葉（reason, society）である。同じ言葉を年月をかけて抽象化したのみならず、個々人が子供のときから知っている言葉を一度検討し抽象化する手続きが不可欠である。世間というものを対象化して社会を獲得しなければならない。

だが、われわれはおおむね青年期に世間を軽蔑し分別を軽蔑する。世間や分別というものをあらためて対象化することなしに、社会や理性という概念に突然とび移り、にわかに難解な言葉をしゃべりはじめるのがつねである。やがて世間のきびしさを知り分別を知るようになると、そういうものはきれいさっぱりと忘れてしまう。これは転向というような大げさな問題ではないので、決定的に欠如しているのは《抽象》あるいは《定義》の過程である。

アランならこういいえただろう。理性とか社会とかという観念の意味を人々はとりのがしてしまうが、その常用的意味である分別とか世間とかを考えてみるがいい、それがいかにわれわれの根本に根ざしているかを思い出すことができる、と。これは着実な、力強い思考である。柳田が「国語教育」と称していっているのは、こういうことにほかならない。村人の智慧をそのままで対象化させること、外から注入するのではなく、ひとりひとりが自覚することを助けること、それを彼は「教育」とよんだのだが、いうまでもなくこれが「教育」というものの真の意味である。

……既にあらましの日本語を知つて居ればこそ、古語や外国語は対訳でも通じ、此字は如何なることを意味するかと、字引に相談することも出来ようが、丸々下地の無い者には解説は用に立たない。最初は却つて当人たちをして、自ら経験せしむるの他はなかつたのである。この肝要なる国語教育の発足点が、不思議に今までは所謂国語教育論の、土俵の外側にほつたらかしてあつた。しかも素人は頻りに此点を気にして居るのである。

ツバメを春来る小鳥の一つといひ、スミレを紫色の馬の顔のやうな花と註する類は、春とか紫とかを悉く皆会得した者に、成程うそではないと思はせる迄のもので、実は解説ですらもない場合が多いのであるが、過ぐる六年の間に何を覚え、何をやゝ漠然と覚えかゝつて居るかを、突留める手段の具はらぬ限り、毎々是に似た頓珍漢を、教へられさうな懸念があるのである。さうすると子供は正直に、言葉も注釈も一しょくたに鵜呑にしてしまふから、暗記は出来てもおぼえたことにはならない。マナブとオボエルとは此点に於て二つのものである様に私たちには感じられる。マナブといふ動詞は上代の口語には有つたやうだが、語原は明らかに真似・マネブと同じく、さうして今日はもう文章語にしか用ゐられて居ない。「学」といふ漢語をマナブと訓ませたことは、誤りでもあれば又今日の不幸でもあつた。是を日常の生活から物遠いものと考へさせ、もしくは外形の摸倣を以て足るかの如く、想像せしめた陥し穴もこゝに在つたとすれば、我々は今からでもなほ警戒しなければならぬ。「学」は「覚」だから寧ろオボエル・サトルの方が当つて居る。又さうでなければ完全に国語の主人となることも出来ないのである。

（「昔の國語教育」）

ツバメは春来る鳥の一つというのは、真の定義ではない。ツバメをみたことのない者にはそれは何の認識も与えず、ただ知識のみを与えるだけだからである。いいかえれば、それは分別と切り離して理性を教えこむようなもので、空疎な知識を与えるにとどまるほかない。

ここで、柳田が「学」という漢語をオボエルと読むべきだといっていることに注目すべきだろう。いろんな意味で、これは柳田の「学問」というものの性質を顕著に示しているからである。マナブ事柄も暗記する事柄もとるにたらない、ただオボエル事柄だけが重要なのだと、柳田はいうのだ。ツバメを覚えるとは、ツバメを幾度も見、かつ実際にその性質を知ることである。必然性を覚えるとは、必要という経験を対象化することである。

学んだ思想は簡単に忘れてしまうが、覚えた思想はつねに活きている。覚えるとは、サトルこと、つまり自己省察そのものにほかならないからである。

のみならず、このオボエルという言葉は、のちに述べるように、柳田の学問において記憶がいかに本質的な意味をもつかを示すものである。それは柳田の記憶力が抜群だったというようなこととは無関係である。むしろそれは暗記力に類する能力にすぎないので、重要なのは柳田の民俗学がそれ自体〝記憶〟の本質にかかわっているということである。

五

われわれは意味があると思ったものをオボエているとはかぎらないが、オボエていることにはなにか意味がある。そこには必要があり、「やむべからざる実質」がある。たとえ今日ではその意味がわからないとしても、なにかそこには〝必然的〟なものがある。柳田はそういう種類の記憶(彼自身の過去においても習俗においても)だけを重視した。

この認識は、歴史を書かれた一回的なもの(マネブもの、暗記するもの)としてでなく、オボエたものの中にのみみようとする方法と、本質的に結びついているはずである。が、それについてはのちに論じる。

「学ぶ」とはオボエルことである。それなら、「問う」とは何だろうか。柳田はしばしばこういっている。私たちの学問は、何々に答える学問ではなく、何かの問いを起こすという学問である。あるいは個々人の疑問を喚起し彼らが日常知らないでやっていることの意味を問いなおさせる学問である。柳田はほとんど答えを与えない。そこに、彼の「問う」ということの独特の意味がある。ところで、問題というものにはquestionとproblemの二種類がある。前者はすぐに答えを要求する類の問いである。が、後者は答えなど必要としない懐疑、問うことそれ自体が大切であるような問いのことである。われわれはしばしばこの二つを混同している。

柳田は何も答えていない。だが、たとえばわれわれが歴史について考えるときや政策を立てようとするときに、静かに彼の声が立ちふさがってくることだけは確実である。君は何を知っているのか、すくなくとも、これこれだけのことは知った上でやってくれ、というような声が。

その声はわれわれを立ちどまらせる。その声を無視して前へ行くことはできない。いわばアテネの街角でそういう声を発したソクラテスのように、柳田は世界を説明するわけでも教えるわけでもないが、つねにひとを、私は何を知っているかという「自問」のなかに立たせるのである。柳田の学問は本質的にそういうものであって、そのゆえに完結した体系性をもたないのである。

吉本隆明は次のようにいっている。

柳田國男の方法を、どこまでたどっても「抽象」というものの本質的な意味は、けっして生れてこない。珠子玉と珠子玉を「勘」でつなぐ空間的な拡がりが続くだけである。

（中略）

何よりも抽象力を駆使するということは知識にとって最後の課題であり、それは現在の問題にぞくしている。柳田國男の膨大な蒐集と実証的な探索に、もし知識が耐えないならば、わたしたちの大衆は、いつまでも土俗から歴史の方に奪回することはできない。

（「無方法の方法」）

私は実はこういう見方に異議がある。柳田における「抽象」とは、世界および自己を体系的に把握するということではなく、あるいはその結論を提示するということではない。彼はただ人々に問いを起こさせる、そのことを重視したのであって、彼はいわばプラトン（プラトニスト）のようにではなく、ソクラテスのように語ったのであり、理論的であるよりは実践的な思想家だったのである。

判断は個人のもの、それを少しでも安全に且つ自由にするには、証拠のある確かな事実を、出来るだけ豊かに供与して置くより他は無い。是に附け添へてもし自分にも言つて見たいことがあれば、是だから斯う思ふといふ筋途を明示して、忽ち誤つた推理法の発覚するやうな形にして置けばよい。是がお互ひ実証の学に携はる者の、進むべき道であると思ふ。

（「罪の文化と恥の文化」）

判断は個人のものというのは、自分が確実な資料を提供するから、各人が自由に判断してくれというようなことではけっしてない。柳田は、「膨大な蒐集と実証的な探索」を提示するだけに終わった人ではない。そうではなく、柳田がいっているのは、判断というものは各人のものだということだ。各人がひとりひとりやる判断だけが判断だということだ。極言すれば、いかに正当な判断でもマナンだものではだめだということである。

こういう姿勢はいうまでもなく啓蒙家のものである。だが、この啓蒙家は答えを教えこむ類の人ではない。自ら問い、それと同時に人々に問いを促す、そういう種類の啓蒙家である。

六

人々は性急に説明を欲し政策を欲する。要するに、人々は「気短か」で、「新らしい知識に飢ゑ」ている。西欧の人類学に精通していた柳田は、もしそうしようとすれば、容易に日本民俗学にモデルを導入して体系化することができたはずだが、そうしなかった。そうしなかったのは、彼の資質に合わなかったからでも、詩人的な直観を優先させたからでもない。それらは秀才たちの誤解であって、われわれはそこに柳田の方法的意志と決意をみるべきである。

吉本氏は柳田の方法を「無方法の方法」とよんだが、私はそうは思わぬ。彼の中には一貫した方法がある。たしかに、柳田学は体系的ではない。それなら、モンテーニュの『エセー』が体系的でないという理由で、これを利用すべき（キリスト教徒も反キリスト教徒も）なまの素材といってよいだろうか。モンテーニュの『エセー』には、その叙述形式とはべつに一つの明瞭な内的体系がある。

同じように、柳田学の中にも一見そうみえるものとはべつの一つの内的体系がある。それをつかむかわりに、柳田学を体系化しようとすることは〝抽象〟の本質とは無縁である。むしろ柳田は、その種の抽象が自己完結したとたんに、いつも別の相貌を以てあらわれる。

私は何を知っているか、という永遠的な問いかけがそこにあらわれるのである。

柳田にとって、学問とは「内省の術」にほかならず、したがって実践的な哲学にほかならなかった。しかし、かかる意味での〝実践〟は、政策とか運動とかいったレベルでしかものを考えぬ人々にはまともに理解されたためしがない。柳田は、日本民俗学は「政策の立てられる学問」だといっているが、けっして政策を提示したことがない。またよく指摘されるように、柳田は時代の転換期や危機に際して、それに直接答えるかわりに、逆にいよいよ「本筋の学問」をしなければならないといっている。これは何を意味するか。私はむしろそこに柳田のラディカリズムを見出すのである。

ラディカルとは物事を根底的に把握することだ、とマルクスはいった。マルクスにとって「本筋の学問」とは『資本論』を書くことだったが、彼がいかに年がら年中騒ぎ立てている急進主義者を軽蔑し、また自分の仕事の根底性に自信を抱いていたかはいうまでもあるまい。

柳田の次のような発言にみなぎる自信は、彼の謙虚さと表裏一体のものといわねばならない。

未来の指導は成程その任務ではないが、過去に関する精確な知識を用意せずに、好い思案の浮ぶ筈は無い。

民俗学は即効薬ではありません。これは歴史でも何でも同じことだと思ひますが、正確に過去の事実を教へておいたら、そのためによい判断が出来るやうになります。十年や十五年には来ない収穫であらうとも、しまひには斯うなるのだといふことを皆に見せるやうなやり方をしたいと思ひます。

今日の社会の改造は、一切の過去に無省察であつても、必ずしも成し遂げられぬとはきまつてゐない。現に今日までの歴史の変化にして、人間の意図に出たものは大半がそれであつた。復古を標榜した或ものといへども、また往々にして古代の認識不足に陥つて居る。我々の如く正確なる過去の沿革を知つて後、始めて新らしい判断を下すべしといふものは一つの主義である。盲滅法界にこの主義を否認してかゝるならまた格別だ。我々は蔭にゐてそれが自然の正道に合致せんことを祈るのほかはない。いやしくも歴史の知識を持つて居てから仕事に取掛らうといふならば、意外によつて教へられるだけの用意がなくてはならぬ。出来るだけ多量の精確なる事実から、帰納によつて当然の結論を得、且つこれを認むることそれが即ち科学である。社会科学の我邦に於て軽しめらるゝ理由は、この名を名のる者が往々にしてあまりに非科学的だからである。

とくに最後のくだりはたぶんマルクス主義者に向けられたものだが、実はマルクスの発言といっても一向さしつかえないようなものである。マルクスは『資本論』第一版序文に次のように書いた。《たとえ一社会がその社会の運動の自然法則の足跡を発見したとしても、（中略）その社会は、自然的な発展諸段階を飛びこすことも、それらを立法的に排除することも、できない。だがその社会は、生みの苦しみを短くし、やわらげることはできる》。

柳田が次のように書くとき、同じ認識を語っていたといえないだろうか。

然らばどうして居ればよいかといふと、一言でいへば反省すればよいのである。幸ひなることにはこの我々を包むものは、刻々も変化せずには居なかつた。之を自然の推移に任せて置いても、結局は漸次に生活の現実と適応しようとして居る。だから私などは必ずしも大きな悲観を抱いて居ない。たゞ歴史が教へる如く、折々は無駄なまはり路、損な割引をしてそこへ到達することになるのが、惜しいと思ふだけである。微力ではあるけれども我々は、ひろく一般の同胞と共に、最も精確に是までの経験を吟味して、この自意識の途を歩み進まうとして居るのである。（「平凡と非凡」傍点柄谷）

とくに引用しないが、柳田はこれとほぼ同じようなことをしばしば語っている。われわれの社会は、われわれにはわからない「複雑極まる原因」によって変わっていく。そこには目的論的な意味はなく、また変化の原因を全面的に了解することも不可能である。われわれに可能なのは、それをできるだけ意識化することだ。変えるということは、「反省する」ということにほかならないので、なぜなら放っておいても変わるものは変わるからである。

こういう考えには、一見そうみえるよりもはるかに周到な綿密な検討がひそんでいる。一切の目的論を排除して、whyではなくhowを追求する柳田の方法を、たんに自然科学的方法とよぶことはできない。そうよぶとしたら、「非科学的な」科学ではなく、もっとも原初的な意味における科学でなければならない。

七

私はあの明晰なスピノザを想起する。われわれは情念からのがれることはけっしてできないが、情念について明瞭な観念を形成しえたときにはそれから解放されている、と彼は述べた。マルクスのいう「自然史」の観念にはこういうスピノザの思考がひそんでいるが、柳田の場合にもやはりそれがある。歴史の自然な変化をわれわれはどうすることもできないが、ただそれについて可能なかぎり明瞭な観念を形成することはできる。そのとき、われわれは「無駄なまはり路、損な割引」だけは回避しうるだろう。

柳田は、しかし大げさなことをいっているわけではない。ごくささいな材料から考えているのである。たとえば、われわれは食事の前に手を洗うようにしつけられている。これは衛生学的な見地から説かれているけれども、西欧人はべつに手を洗わないし、われわれの手を洗う習慣は衛生学的合理化よりずっと古い宗教的起源（禊《みそ》ぎ）に発していることは疑いない。

われわれは現にやっている行為の本当の原因を知らないで、結果を原因と錯覚している。あとからそれにつけ加えた合理的解釈（イデオロギー）によって、理解したつもりでいるだけだ。われわれはそう考えているのとはつねに違ったことを実行しており、しかもそのことに気づかないでいる。自分の行為に対するこういう不透明さが、われわれの行為を「無意識な」ものにしている。柳田が「内省の術」といい、「自己省察の学問」「人生観察の学問」といったものは、日常茶飯に属するもの、つまりわれわれの眼に自明とみえるものに、一つ一つ疑いをもつこと、問いなおすこと、自覚しなおすことにほかならない。

柳田の姿勢は進歩的とも保守的ともつかぬあいまいさがある、とひとはいう。だが、このあいまいさ（ambiguity）は彼のラディカリズムがもたらしたものであって、認識の不徹底性がもたらすあいまいさ（vagueness）とは峻別されねばならぬ。つまり、柳田は日本人の心意現象を明瞭化しようとしたが、それは本質的には破壊を意味している。柳田自身は保守的なのだが、ヘーゲルがそうだったように、かかる肯定的解明ほど否定的なものはない。こういう両義性は柳田のラディカリズムの双面であり、したがって柳田の政治的意識、政治的実行をあげつらうことはいずれにしても無意味にひとしい。

柳田を批判する急進主義者に欠けているのは、知るということ自体のラディカリズムである。また、柳田が「土着思想」を発掘したなどというのは甚だしい迷妄である。この種の論者に欠けているのは、「土着思想」をありがたがろうとする彼らの動機への自己省察である。「土着思想」などというものはありはしない。あるのは、ただわれわれ自身によってまだ明瞭化されていないあいまいな情念、あいまいな言葉だけである。

ひとはもうろうたる状態にとどまることを欲するか、それとも自己と世界を可能なかぎり明瞭化することを欲するかしかない。後者にはたえまない意志が不可欠だ。柳田は「常民」といい「常識」といったが、常識は進化もすれば退化もするのだといっている。われわれには安住すべき「常識」の場所などありはしない。依存すべき「常民」などありはしない。そう考えるのはロマン主義者にすぎず、柳田はつねに動的な、実践的なすがたにおいて「常識」を考えていたのだ。そこに柳田の活きた思考、死ぬまで持続する活発な精神がある。

平易なことを難解にいうのは思想家ではない。すべての本質的な思想家の文体は、難解なことを平易にいう困難の上に築かれている。柳田はいっている。《人は動物だが賢い動物である。考へてどこ迄も其社会を改造して行ける動物である。（中略）さうして其以外の何物でも無い》。この単純明快な断定の背後に、無数の思念が隠されていることは、いうまでもないであろう。

柳田は日常会話で常用される言葉しか使わないように勧告している。むろんそれは不可能だし、彼自身も実行しているとはいえないが、要はそのような意志である。言葉を明確に発すること、自分と一部の仲間だけにしか通じないような言葉を放棄すること、たったそれだけでも、われわれは日本語に固有のわなを避けることができる。今日の思想上の混乱は見かけだけのものにすぎない。だが、柳田が深く考えていた「ひとりひとりの魂の問題」は、そういう見かけの混乱よりももっと内奥にある混乱であったといいうる。私が考えたいのは実は究極的にはそういう問題である。

II 方法的意志

一

先に私は、柳田国男は「無方法の方法」ではなく、きわめて意識的な方法性をもっていたと述べた。だが、その方法性は、狭い意味においてでなく柳田の学問そのものの在り方の中に見出されるべきものである。

柳田が民間伝承を研究しはじめたとき、すでに江戸時代の考証学の系譜を受けつぐ多くの研究家がおりその業績も数多くあったことを忘れてはならない。柳田がすべてをひとりではじめたのではない。また、フォークロアもエスノロジーもすでに柳田以前に日本に紹介されていた。南方熊楠のような「天才」もいた。にもかかわらず、なぜ柳田がすべてをひとりで開発したかのようにみえるのだろうか。それは柳田が方法的に知ること、そしてそれだけが知であるというプリンシプルをもちこみ、それを貫徹したからである。

ディレッタントは発見された結果だけを重視するが、科学者は発見する過程を重視する。たんに物事を知るだけでは不十分だ。偶然に気まぐれに知るだけでは何も知ったことにはならない。方法的に知ること、それが真に知ることである。自然科学者ならこれは自明の理である。

だが、柳田が目ざした学問においてこのことはけっして自明ではなかった。彼はどんな学問も「観察と実験」にもとづかねばならないと考える。これは一見自然科学的なやり方を類推的に導入したかのようにみえるが、そうではない。史学は実験的でなければならぬと柳田がいうとき、彼はけっして自然科学的なモデルを文化（社会）科学に導入することを意図していたのではない。歴史は実験しえない。これは当然のことである。

柳田が実験という言葉に固執した理由は、べつのところにある。実証といわずに実験といったところに、彼のある意図がこめられているのである。彼は書いている。

実験は必ずしもレトルトや顕微鏡等の操作のみを意味して居らぬ筈だ。さういふ直截簡明なる実験は、なんぼ幸福なる自然科学でも、必ずしも其全部には許されて居ない。早い話が生理学の大部分である。

（「郷土研究と郷土教育」）

柳田のいう〝実験〟は今日われわれが考えるような狭い意味のものではない。たとえばベーコンのような初期の科学者にとっては、自然科学はすべてをふくんでいた。文化科学と自然科学という区別などは存在しなかったのである。したがって、柳田にとって〝科学〟はベーコンやデカルトにおいて意味されていたものとほぼひとしいといってもよい。

実験的でない学問を柳田は排した。ベーコンやデカルトがスコラ哲学を排したように。このことは、柳田以前にベーコンやデカルトを人々がマナンでいたということと何の関係もないことである。

明治以来の学者は、西欧から導入した概念や規範を以て日本の現実を説明し、またそれによって政策を立てていた。この際の演繹的なやり方は少しも疑われていなかったのである。それは今日でも基本的には同じであって、西欧の概念によって日本の歴史や現実を解釈すればすべて事足りるのである。それは対象を実際に知ろうとすることではなく、むしろ論理的に説明することだ。実験的でない学問は学問ではないという柳田の声が、きわめて破壊的な意味を帯びてきこえるのは、こういう状況においてである。

この事情は、明治以前の時代に、中国から導入した概念（漢語）によってわが国情を解釈していたのと大差はない。日本人の心意は仏教や儒学の漢語による自己解釈によってみえなくなってしまっている。そういうところに起こったのが本居宣長のような国学者の懐疑であって、彼は古語の研究によって不透明なおおいを払おうとしたのである。彼は『古事記』をその記された通りのままに信じるべきだと考えた。それは無批判的であるのとはまったく逆な態度であって、むしろ合理的な説明で原文を歪曲することを排するためにそうしたのだ。「漢心《からごころ》」を排したのはいわば彼の方法的懐疑であって、彼自身はたとえば孔子を敬い、徂徠に私淑していたのである。

柳田の場合、むろん事情は違っている。しかし、輸入されたエスノロジーを方法的に斥けた柳田が、フレイザーについては次のようにいっているのである。

私が陶酔するような気持で読んだのはフレイザーの『金枝篇』The Golden Boughだけです。（中略）あの人のものは今ふり返ってみると、注意力が非常に行き届いていて、結論が簡明直截でないのも貴とく、すべての小さな事実を粗末にしてはならぬという考えを養いえたのは、これはまったくフレイザー先生のおかげです。

（「民俗学から民族学へ」）

二

柳田は実験的でない学問を排した。したがって宣長をもまた排したのである。書かれたもの、すなわち文書・記録によって成り立つ史学を廃し、偶然の発見に俟つほかない考古学その他を排した。それは彼がそれらを無視したということを意味しない。排するとは疑うことであり、括弧に入れることだ。

この懐疑は徹底している。「私は何も知らぬ」という場所に、柳田は自らを追いこんだのである。

……少なくとも今有つてやがては消えてしまふ郷土の資料だけは、急いで出来る限り採集して記録とし、いつでも利用し得る形に整理して置かなければならぬ。さうせぬとこの折角の事業が、他の多くの科学の如き、普遍性を具備せぬことになるのである。問題の選択権は、決して一時代の学者のみが私すべきもので無いと信ずる。

察するに是は根本に於ける観方の差、即ちこの我々の眼前に実験せられる社会事実そのものが、正しい史料であるといふことを認めるか認めないかの相異である。私などの見る所では、「事実」といふものは自分の目で耳で又は感覚で、実験したもの以外には無いと思つて居る。所謂史実も亦過去の事実ぢや無いかと言ふであらうが、それは過去であるが故に実験には入らず、今あるものは其痕跡でしか無いのである。千年以上も人が事実であつたと信じて居たことで、此頃始めて事実で無かつたことの判つたものも多い。書いて伝へたものだけは本当であらうと思つて居ると、それすらも尚検査を要することになつた。偽作や贋造は論外であるが、是は正しいと言はれて居るものでも、尚その筆者自身が、誤つて真なりとして居たことがあり、おまけに最初の筆跡が、其まゝ残つて居るわけでも無いのである。（中略）この立場から見ると、未だ文学に表はされない民間の伝承、録して新たに採集記録の列に加ふべきもの、即ち我同胞が偶然に又は無意識に、古くから持ち伝へて居てくれた言葉なり癖なりには、まだ〳〵多くの消えた事実の痕跡が有り得る。殊に無意識の伝承には少なくともウソは無い。たゞ気づかはしいのは代々の誤解であるが、誤解ならば史書の方にも充満して居る。さうして誤解の保存せられて今に伝はつて居るといふことも、亦一つの重要なる事実であつて、その多くの数量を整理分類して見ることによつて、新たに過ぎ去つた生活の正しい姿を見出すことが出来るのであり、不幸にして地方の割拠した郷土研究者のみは、通例はその真意味を洞察する力が無かつたのである。是に安心して次の代の教育を、託するわけには行かぬ理由は爰《ここ》にもある。

（「郷土研究と郷土教育」）

彼は書かれたものの確かさを疑う。あえて疑うのだ。疑う必要のないものをも疑うのである。なぜなら、柳田は「実験」しうる確かなもののみによって史学を樹て直そうとしたからである。彼は民俗学を補助とするにせよ史学を補助とするにせよ、いずれにしても中途半端なものを排した。帰納と演繹を弁証法的に統一するというようなまことしやかな折衷を、彼は自分に許さなかったのである。

彼はすべてを素手でやろうとした。そして、この知的潔癖さ、儼呼たる一貫性に、私は驚かざるを得ない。彼は晩年においてもなお、結論らしい結論を出していない。自分の説を引用することを禁じている。ここまではっきりといえるという以上の事柄については、どれほど有力な説であれ仮説としてしか認めていないのである。のちに論じるように、柳田は空間（地理）的に見出される差異がそのまま時間的な順序に転化しうるということを根拠に、郷土研究にそれまでとはまったくちがった方法的基礎を与えた。しかし、柳田にとって、それはたんに民俗学の方法を意味したのではなく、民俗学そのものが彼にとっては日本の諸学問の方法的基礎を意味したのである。

柳田の業績はほとんどあらゆる文化（社会）科学の領域をおおっている。が、それは彼が総合をめざしたからではない。彼には専門ジャンルということが意味をなさなかったからだ。民俗学とは彼においては方法であり、学そのものを確実なものによって基礎づける唯一の方法にほかならなかった。あれこれの方法があるのではない。方法は一つしかない。柳田のやり方が帰納的であるとか実証的であるとかいうのは笑止の沙汰だ。そういうものを私は方法とはよばない。方法ということの真の意味、たんに知るだけではなく方法的に知らないならば無知にすぎないということを、柳田ほどに徹底した人を、後にも先にも私は知らないのである。

柳田は、折口信夫と石田英一郎との座談会で、折口の直観的な、さらに古代から現在へ降りてくるやり方に、功績を認めながら、しかしそれを根本的に斥けている。

折口君は幸福なくらい直覚のよく当る人だが、当らない人がおりおりそれを真似することもある。そこでルールを作っておかなければならないと思う。その点はいつかお話ししようと思っているが、直覚はしばしば推理の煩労を省いてくれるが、それを学問に利用しようとするには、だれにもあてはまる方法を使わなければならない。すなわち直覚でかりにまず結論が出たにしても、そのあともういっぺんそのほうに相反する事証のないか否かを確かめるようにしなければならない。

（「民俗学から民族学へ」）

柳田が「直覚」の豊かな人であったことはいうまでもない。だが、重要なのは彼がそういうものに基礎をおくことを意志的に否定したことである。彼はいわば天才を否定した。正確さとはむしろ凡庸なものだ。なぜならどんな人にも通じるものだからである。しかし、この正確さと普遍性に足場をすえようとした彼の意志は、まさに非凡のものといわねばならない。柳田以外に、これほどの凡庸な道に徹しきった学者は日本にいない。いいかえれば、柳田という人物が傑出した知性といえるのは、彼のなした業績によるよりも、その方法的懐疑の徹底性によってである。柳田の成果を継承するなどといわぬことだ。柳田の、あの素手で事物に立ちむかう精神をおいて、いかなる成果もガラクタにすぎない。

三

私は、先に柳田において自然科学はもっとも原初的な意味においてあったと述べた。いいかえれば、彼にとって自然科学は狭義の自然科学ではなく、一切をふくめた自然学というものを意味していたのである。柳田はこういっている。

現在の人類学は、堂々たる哲学や史学に遠慮をして、其定義を限局せんとして居た。人類学は単に動物としての人を対象にする研究だと言つた者もある。併しながら是は必ずしも謙遜の徳を発揮しては居ない。人は動物だが賢い動物である。（中略）神を懐ひ死後を信じ得る動物である。さうして其以外の何物でも無い。自然の現象としての人類を知ることに、中間の籬を設けることは出来ない。

（『民間傳承論』）

柳田は「自然の現象としての人類」を考えるとき、そこに文化的なものと生物的なものとの区別をおかない。「中間の籬を設け」ないのである。したがって、彼の場合、文化的なものの研究に自然科学の方法を適用したというい方は、実は見当はずれなので、柳田はむしろ文化科学と自然科学という区別以前に、それらを引っくるめた「自然史」というヴィジョンをもっていたのだ。そして、近代科学がその濫觴期にもっていたのもこういうヴィジョンであるが、そのとき〝科学〟はたとえば文学や芸術と対立するものではなく、あらゆる学芸に共通する精神の姿勢を意味していたのである。

そう考えるなら、柳田が文学者であるということが何ら科学者たることと背反しない理由は明瞭である。それが背反するかのようにみえるのは、文学者と科学者の双方に生じた畸型化・矮小化のためにすぎない。少なくとも、われわれはあの馬鹿げた誤解、柳田は科学的たらんとしたが、結局は詩人だったといった類の誤解を捨てなければならない。ベーコンはいっている。

人間は、自然に奉仕するもの、自然を解明するものとして、自然の秩序についてじっさいに観察し、あるいは精神によって考察したことだけをなし、理解する。それ以上のことは、知らず、またなすこともできない。

人間の知識と力とは合一する。原因が知られなければ、結果は生ぜられないからである。というのは、自然は服従することによってでなければ、征服されないのであって、自然の考察において原因と認められるものが、作業においては規則の役目をするからである。

（『ノヴム・オルガヌム』）

ベーコンがここで自然とよんでいるのは、外的な自然だけでなく内的な自然、つまり精神をおびやかし閉ざすものすべてについてである。また、「原因」を知るかぎり、その知識は「力」となる、知識は力であるという考えがここにある。

知ることが力であるというのは、柳田がもっていた基本的な確信である。彼はたんに「内省」せよといったのではない。知ることそれ自体が力なのであり、逆にいえば力でないような知識は知識ではない、といったのである。

ベーコンが否定したのはスコラ哲学である。その論理学は、未知の何かを発見するものではなく、既知のものを論証し説得する方法にすぎない、と彼はいう。そういう知識は、自然（人間もふくむ）に恣意的な規範をあてはめるが、それは自然を征服するかわりに精神を征服する（説得する）ことでしかない。自然に服従することでそれを征服するといったベーコンの認識は、人間は真に「知る」ことによってしか自然必然性をまぬかれないということを意味している。呪術は自然を征服しようとするが、結局可能なのは人間を征服することだけなのである。この意味で、呪術は現存している。というより、呪術も科学もどんな未開社会でも共存し現在でも共存する、精神の二つの形態だといった方がよい。

柳田は「変わる」ことと「変える」ことを峻別する。放っておいても、社会はたえず変わるが、「知る」ことなくして「変える」ことはできない。この認識はきわめて重要である。ここには一種の断念があるといってよいかもしれない。柳田は現実の「変える」運動には一切コミットしなかったからである。しかし、真に実践的なのは、危機に面していよいよ「本筋の学問」に専心しようとする姿勢、すなわち、方法的に知ることによってしか人間は何一つ「変える」ことができないという認識にある。

四

たとえば柳田によれば、コという言葉はひろく一切の労働する者を意味しており、オヤは生みの父母以外に、「すべての敬まい又礼すべき長者」を意味しているという。オヤとコは古来生産や生活のシステムに根ざした概念である。それに親と子という漢字をあてることは正確ではなく、今日にもある親分子分の関係の方がオヤとコの原義に近い、と柳田はいっている。

自己の門党に属せざる多数の人間を、集めて勢力を為すには親になるより他に方法は無かつた。それを政治に適用したのが現今の選挙であらうと思ふ。義理といふ道徳の起りと機能、及び其限界を明瞭にして置かぬ以上は、入費を制限しただけでは選挙は清まるまい。さうして政治は策謀の巣になるだらう。是をしも国史の重要なる問題と見ないで、なほ教育の実際化を説くのは、良心ある史学者の迷惑しなければならぬ、あまりにも古風なる学問の過信である。（「國史と民俗學」）

オヤコの間に成り立つ義理は、儒教からくる義理の観念とは無関係である。《用心を要することは、自分で勝手に当らぬ漢名を附けて置きながら、後に却つて其字義に拘泥し、本来具有のもの丶理解に迷はねばならぬことである》。

しかし、こういう混同は明治以後において却って顕著だといわねばならない。日本の現実に、封建制とかファシズムとか民主主義といった規定をし、命名と同時にその字義にこだわってあたかもそれが実際に存在するかのように考える錯誤がまかりとおっている。実質的なものとはなれた言葉の上での争いが、知識人の論議の大半を占めているのである。

腐敗選挙を批判し民主主義の確立を唱えるだけでは何にもならない。柳田がそういったのは戦前のことだが、彼はなぜ投票が〝義理〟によって支配されるかということを、その「原因」からみきわめねばならないというのである。まずそれを知っておかねばならない。現在を知るとは、そのよってきたる原因と過程を知ることである。そこから考えられていないどんな批判や運動や政策も、結局何一つ「変える」ことはできない。無知にもとづく急進主義は、何ら現実を変えない。なぜなら、たとえ義理という理念を否定したとしても、その実質は革命運動内部に無自覚のままで存続するからであり、変わるのは言葉だけだからである。柳田の自負はそこにあった。

柳田は秀才たちによる裁断をほとんど歯牙にもかけなかったが、たとえば戦後丸山眞男の発表した『超国家主義の論理』を、「証拠がないな」といって一蹴したといわれている。

だが、たんに「証拠がない」ということではありえない。この論文は、既知の政治学的規範・体系をもって日本の現実を裁断している。むしろ論証しているといった方がよい。スコラ的な論理性が人を説得する。しかし、何一つ発見させない。すべて既知の規範・体系の適用にすぎないからである。

柳田は日本の現実をいわば一つの「自然」としてみていた。この「自然」は斬っても叩いてもどうにもならない。ただそれを「知る」ことによってしかコントロールしえないのである。まずわれわれはそれに対して従順でなければならず、いかなる規範や体系もおしつけてはならない。そういうおしつけによって得た「知識」は、真に「力」とはなりえないので、ただ人間を説得し精神をそこに閉じこめることしかできないのである。

柳田にとって「まだはっきりとわかっていない」事柄を、丸山眞男はいともたやすく裁断してはばからない。それは科学的な外見をそなえているが、実はその逆であって、「精神を精神自身から保護する」（ベーコン）かわりに、精神を論証によって説得し支配するのである。戦後知識人とはそういう論証によって閉じこもった呪術的な人たちのことである。

知識人とは説得する人間のことだ、とアランがいっている。自然の必要（必然）に向かいあう人間は説得する人間ではない。事物を知ろうとするには、「無限に多様で特殊的な事実に長期にわたって辛抱強く学ばなければならない」（柳田）。だが、その逆に人間あるいは精神を支配することは容易である。

ここで、あらためて柳田が民俗学を「内省の学問」とよんだことを想起してみる必要がある。「自然」を認識しようとする人間は内省的であるほかない。他人の精神に働きかけることだけを考えている人間は、自分についても他者についても何一つ知らない。

柳田は「近代主義」や「モダニズム」を批判してきたといういい方にも、実は錯覚がひそんでいる。柳田はただ〝科学的〟であろうとしていただけだ。「自然」に対してはどんな小手先も通用しないことを熟知していただけである。この姿勢は、付け焼刃の科学精神ではなく、〝神〟といわずに〝自然〟といいはじめた初期の科学者にあった一種の宗教的姿勢を想起させる。

柳田にはベーコンにあったような進歩への信頼がある。むろんそれは進歩主義のようなものではない。彼の「自然史」の考えには、たとえ自然総体は不可能であっても、少なくとも人間にとって人間は理解しうるはずだという楽天主義がある。こういうオプティミズムはいうまでもなく〝科学万能主義〟や〝ユートピア主義〟とは無縁なので、その意味でなら柳田はむしろ「自然と人間」の関係になにか拭い去ることのできない暗いものを見ていたのである。晩年の柳田をおそったのはそういう暗さだといってよいが、今はそれについては書かない。ただ、方法的であることを生涯にわたって貫徹した柳田のなかに、「知識人批判」のようなチャチな課題でなく、「自然史」として人間を視る突きつめた認識があったことをいっておきたいのである。

五

戦後柳田国男は、「日本はなぜ負けたか」という問題を考えている。戦争と柳田という問題は興味深いものだが、私がここで触れたいのは、柳田がその反省をもっぱら「知識」ということに求めている点についてである。

私は教育としては事実を教えれば、後はめいめいで考えるだろうと思っているが、今の状勢ではは たしてすぐにできることかどうかわからない。昨年だったかある男が、柳田は百年たたなければ日本がなぜ戦争に負けたかがわからないだろうというが、そんな気楽な話はないと攻撃したけれども、彼らに今きめさしたら何と言うかわからない。そうして人は何を言われても一応は信ずる、もう少し原因は人の気づかないところにあるということを悟らせる必要がある。

（「民俗学から民族学へ」昭和二十五年）

それは倫理の問題ではなく、むしろ知識の問題なんです。日本人が知ることをもっと知っておれば、戦争の初めっからの世の中の変遷をこめて、こんなものに陥ってこなかったと思うんですがね……。

（「日本人の道徳意識」桑原武夫との対談。傍点柄谷）

柳田が「倫理の問題」ではなく「知識の問題」だといっていることに注意すべきである。戦後に横行した議論のすべてを、彼は倫理的なものだと考えているのである。裁き批判することはたやすく、また「人は何を言われても一応は信ずる」けれども、「原因」を知ることは容易ではない。しかも、知ることなくしてどんな変革も元のもくあみに陥るほかない。人々は「変わった」ということを信じたがるが、柳田にとってはそれはただの変化にすぎないのである。しかし、考えてみるがいい。戦後三十年経って、「百年たたなければ日本がなぜ戦争に負けたかわからないだろう」という柳田の言葉はわれわれの腑に落ちてくる。戦後に投げかわされた夥しい反省や批判が色褪せてしまった時に、である。

柳田の眼からみれば、戦争も政治も「自然史」の一部にすぎない。いいかえれば、それらは悪でも愚行でもなく、人間がそれを本質的に証明しえない限り避けることのできない自然過程なのである。

柳田は倫理的な観点を排した。Howということに問題を集中したのである。だが、実は倫理的観点を排除したところに、柳田の最も重要な倫理性が存するのである。マルクスはいっている。

> 起りうべき誤解を避けるために一言する。私はけっして、資本家や土地所有者の姿態の光明面を描いてはいない。しかし、ここで諸人格が問題となるのは、ただ彼等が経済的諸範疇の人格化であり、一定の階級的諸関係および利害関係の担い手であるかぎりにおいてである。経済的な社会構造の発展を一の自然史的過程と解する私の立場は、他のどの立場よりも、個人をして、諸関係——すなわち、いかに彼が主観的にはそれらを超越しようとも、社会的には彼がそれらの被造物たるにとどまる諸関係の、責任者たらしめることはできぬのである。
>
> (『資本論』第一版序文。傍点柄谷)

「起りうべき誤解」とは、『資本論』が資本家の罪悪を批判しているかのように考えることである。その種の倫理的批判は何の役にも立たないばかりか誤ってさえいることをマルクスは知っていた。まず資本制社会を「知る」こと、それ以外にこれを止揚しうる道はありえない。

柳田がどんな意味であれ「戦争責任」という発想からかけはなれていたのは、マルクスにもあるあの「自然史」という視点のためである。それはウェーバーのいったような価値判断の排除というせせこましい認識とは無縁であって、柳田の倫理学は、人間と人間の関係にではなく、人間と自然あるいは自然と自然との関係にすえられている。そのなかで、精神は何をなしうるか。柳田が突きつめて考えていたのはそういう問題だ。そこに、あの方法的意志があらわれる。方法的であることによってしか、精神は存立することができない。精神が負わされた宿命を、柳田国男ほどに考え且つ実行した人を私は知らないのである。

Ⅲ　言葉・経験・記憶（その一）

一

柳田国男は史学が〝実験〟的でありうる根拠を次のようなところにもとめている。

私などの企てゝ居る研究では、歴史は竪に長い細引のやうなものとは考へられて居ない。寧ろ是を考察する者の属する時代が、切つて与へたる一つの横断面と見るのである。此横断面に頭を出して居る史実、即ち過去にあつたらしき事実の痕跡は、実際はその過程の色々の段階に於て自分を示して居る。我々の社会生活は決して均等には発達し展開して居ない。是には新しい文化がいつも都市といふ僅かな中心から、入つて来たといふことが一つの大いなる便宜であつた。即ちその文化改革の中心からの距離が区々である為に、所謂おくれた地方又は人を生じ、是に又無数の等差が認められるのである。殊に日本はこの横断面の、最も錯雑した国であった。山嶺の区劃があり、多数の小さな盆地の孤立があつた。さうしてその区々の文化は、今までは多く他の振合ひを見ずに展開し、従つて甲乙丙丁の間に、種々なる変化と偶然の一致とがあり、互ひに遠く隔絶した土地の多くの一致は、概して其根原の年久しいことを思はしめる。それよりも尚著しい我邦の特徴は島の分立であつた。現在人の住んで居る島は四百以上、北は蝦夷の海の利尻礼文から、南は八丈の向ふに在る青ヶ島、更に琉球列島の果の波照間や与那国島に至るまで、何れも元は一つであつた民族が村を為し、個々の改定の幾つかを加へつゝ、同じ一つの国語を話して居る。其間に於て観察せられ又実験せられる所の現在の事実、それの比較と綜合とが、端的に我々に告げ知らせることは無数であつた。たつた一箇所のやゝ変つた現象のみを、事々しく説き立てようとせぬ人が、静かに見て行くならば是は皆史料である。

（「郷土研究と郷土教育」）

柳田の右の考えは、たとえば「方言周圏論」という説に象徴的に示されている。日本の方言は中央から波紋のようにひろがって分布していること、それゆえ中央の深層は辺境では表層として露出していること、また南北の両端で一致するものがあればそれは時間的に古層として確定しうること。柳田のいう実験的な史学は右のような認識あるいは条件と切りはなすことができないのである。
各地の蝸牛の呼び方を比較してその祖型を追求した『蝸牛考』はその代表的な例であるが、ことは方言に限らない。昔話を論じた『桃太郎の誕生』あるいは『地名の研究』といった初期の一連の研究は、郷土研究から出てくる一つながりの成果であって、対象は異なっているがその発想・志向において共通している。

前に述べたように、柳田が各地の郷土研究者に方法的根拠を与えたのは、このような「周圏論」によってである。文化の中心からはなれた地域、おくれた土地、どんな歴史的モニュメントもなく名もない村が、この「周圏論」によって逆に貴重な〝史料〟として浮かび上がってきたからだ。

この転倒は、柳田の学問がふくむさまざまな価値転倒と結びついている。たとえば知識人と大衆のヒエラルキーを逆転したこともその一つである。しかし、だからといって、柳田は歴史のなかに埋没してきた無名の〝常民〟を復権させようとしたのだ、とただちにいうことはできない。

なぜなら、そのような思想は柳田以前からあったものにすぎないからだ。秩序が存するかぎり、反秩序が存するのは自然過程である。であれば、「草莽の思想」の如きものが一種のイデオロギーとしてこれまでも在り、これからも在りつづけることはいうまでもない。

しかし、柳田の価値転倒にはそれとは異なった明瞭な意識がある。つまり大切なのは、柳田が村人や辺境を重視したのはたんなるイデオロギーではなく、明らかな方法性によってだということである。この方法性は、小作農の権利を理論的に基礎づけようとした農政学者・官僚だった時期の柳田が、農本主義イデオローグと敵対したときからすこしも変わっていないのである。彼は〝常民〟を基盤にすえたイデオローグではない。そのように考える者は、方法的に証明しないかぎり、秩序と反秩序という〝自然〟過程をこえることはできないという柳田の姿勢を解さないのである。

二

たしかに柳田は各地の郷土研究者に根拠を与えた。しかし同時に彼はその根拠を奪ったともいわねばならない。なぜなら、各地の研究はそれ自体としては意味をなさず、ただ〝比較〟によってのみ意味をもつにすぎなくなったからである。いいかえれば、郷土史家たちは、それぞれの個別性、いわば〝お国自慢〟を相対化され裸にされたのちに、はじめてその研究の普遍性を保証されたのだ。柳田が独力でやった郷土研究の組織化が、最初からこうした両義性を帯びていたことに注目すべきである。

柳田が各地の民間伝承採集者に資料を報告させるだけで理論化を許さなかった〝独裁

者〃だという批判は、この一つの側面だけをみたものだ。だが、柳田が現実の中央集権とは別のところに、自らを中心とする〃中央集権〃を形成したことには、彼の個人的性格などとは無縁の、《方法》それ自体が不可避的に強いる何かがあったといわねばならない。そして、柳田の方法性だけが既成の中央‐地方の関係を転倒しうるものだとすれば、そこから新たに創出される中央‐地方の関係を前者と同じレベルで論じることはできないのである。

柳田は〃地方〃を相対化することで逆にそれに存在理由を与えた。この両義性が彼の〃常民〃概念にも及んでいることは当然であって、「人民史観」のようなロマンティックな感傷とはもともと縁がないのである。さらに、この両義性は、柳田自身つまり日本民俗学においても見出すことができる。たとえば、明治以後の日本の学問あるいは政策をみるならば、西欧が中央で日本は地方であるといわざるをえない。柳田はいうまでもなくこの関係を転倒したが、しかしそれと国粋主義あるいはナショナリズムとはまったく異質なのだ。なぜなら、柳田は日本を徹底的に相対化しており、かつその上で日本(民俗学)を普遍的な存在たらしめようとしたからである。柳田が、したがって日本民俗学がナショナリズムと類似した面をもちながら、戦前どんなモダニストよりもそれと対立し批判的でありえたのは、そういう相対性の認識によるといってよい。

柳田はしばしば日本を民俗学の宝庫だといっている。これはアフリカやニューギニアが人類学の宝庫だというのとは意味がちがっている。かつて「文学界」の同人として、さらに農商務省の官僚として、柳田がつねに直面していたのは日本の後進性であった。そして、なぜそうなのかという問いは片時も彼から去ったはずはないので、日本を民俗学の宝庫だという転倒にもそれがひそんでいる。ただ元来負の条件が正に転化されているだけで、本質は変わっていないのだ。

それは日本のおくれた島や辺境の文化を逆説的に意味づけたのと同じように、日本の後進性を逆手にとったことを意味する。この転倒は、柳田個人の生涯においては、農政学から民俗学への転位としてあらわれており、概念においては、農民から常民への転位に対応しているといえるだろう。

だが、この転倒は彼にとってあくまでも知的な課題としてあったことを忘れてはならない。なぜなら彼は実践的には〝進歩〟を求め、後進性の止揚を念願していたからであり、学問が「経世済民」たるべきことを疑ったことはないからである。

知的な課題としてみるならば、柳田の世界性ないし普遍性への自負は、彼の徹底的な相対性の自覚とうらはらに結びついている。そしてそれは別の観点からいえば、柳田の発想が「西欧と日本」や「知識人と大衆」といったものではなく、また「フォークロアとエスノロジー」といったものでもなくて、もっと根源的なもの即ち「自然と人間」というレベルからきているということだ。

三

戦後柳田は石田英一郎に対して次のようにいっている。

学問の基底にアントロポスをおかなければならないということは、ひとり民族学だけでなく、今後文化系統のすべての学問総体の問題で、それをエスノロジーだけでその問題は解決するから自分に任せろ、といわれてもちょっと承知するわけにはいかない。日本の歴史を考えるときに、アントロポスを考えなかったということこそ最近いろいろな不幸な情勢を生んだもとだ。郷土の狭い区域における民族生活を研究する場合にも、やはりエートノスを、アントロポスの立場まで、拡げて考えていかなければならない。それをエスノロジーばかりの特徴とすることには異議をさしはさみます。

この「異議」は痛烈である。アンスロポロジー（人類学）だけがアントロポスを研究するのではない、一体アントロポスを根底に考えていない学問などありうるのか。そう柳田はいっているのだ。あるいは、一体君たちは人間というものを、人間が強いられている条件を、どこまで考えたことがあるのかといっているのである。

民族学がすでにあるがゆえにそれをやる者と、自力でそれを創始した者との違いは歴然としている。柳田はフォークロアなどという学問ジャンルを擁護しているのではない。

先に引用した『國史と民俗學』のような論文を書いた時点（昭和十年）では、柳田は史学やエスノロジーあるいは西欧のフォークロアに対する自分の位置を明確にしようとしている。だが、あえていえば、こういう論文はひとに理解させるに向いていると同時に、ひとを決定的に誤解させるものだ。つまり、あたかも最初から柳田がそこに示されているような方法論をもってはじめたかのようにみなされるからである。

たとえば、フロイトの『精神分析入門』などについてもそういえる。ひとはここから体系的な理解を得るだろうが、フロイトにとって最も重要な知的格闘は、ユダヤ人であるために医学界の主流に乗れないという理由によって、失語症やヒステリーというこれまでまともな学者が問題にもしなかった病気にとり組んだ過程、いわば「小さき者」に注目し、そこにおいて〝人間〟を根底から考え直した過程にある。無意識とか深層構造などという概念は、流通しはじめると同時にそこに凝縮されていたフロイトの思想の重みをうしなって、たんに便利な説明手段になってしまっている。

何一つ発見しないが何事をも説明しうるスコラ的な論理学に堕している。むろんこれはフロイトだけでなく、本質的な思想家が流通しはじめるときに被る運命である。

柳田はかなり遅くまで「民俗学」という名称を許さなかった。その理由はさまざまであるが、私の考えでは、おそらく彼は自分のやっていることが「民俗学」に似ていながらそうではなく、まだどんな国際的な名称をも与えることのできない何かだと感じていたからである。

ひとびとはまず民俗学の定義からはじめる。が、この種の定義は真の定義ではない。ひとが感じ知り経験している〝名づけられないもの〟に名を与えることが、定義ということの真の意味である。

民俗学は西欧ではとうの昔に成立している。したがってそれ自身の〝定義〟をもっているが、それはいわば彼らの〝経験〟の定義なのであって、西欧の各国においてもそれぞれ相違しているのである。

柳田がその定義から演繹的に民俗学をはじめたのではないことはいうまでもない。彼は自身の〝経験〟(そのなかには宣長のようなひとびとの経験もふくまれている)に、できあいの概念をあてはめることで自ら錯覚に陥ってしまう日本の知識人の悪しき伝統を斥けたのである。まして、西欧では民族学や民俗学は学問として公的に承認されているなどといった倒錯した自己合理化とは程遠かったのである。

民俗学は、経済学が資本制生産の現実に客観的基盤をもっていたように、やはり資本制生産が伝統的なコミュニティを崩壊させはじめた現実に客観的基盤をもっている。しかし、それが学として成立するのは、そういう自然発生的な危機（crisis）が批評的な（critical）自己意識によってとらえられるときだ。私がこの柳田論でしばしばマルクスを引合いに出すのはそのためでもあるが、問題は民俗学とか経済学とかいった相違などにはない。彼らがそこで何について考えたかではなく、どこまで考えたかという深浅にこそ存するのである。

次のように語ったとき、柳田はすでに彼の民俗学の〝定義〟を確定していたが、同時にこれは世界的な意味で「民俗学なるもの」を定義しなおしたともいいうるのである。

今までの言葉の通俗な用途では、英米のフォークロアはまず日本民俗学でいう第二部と第三部だね。いわゆる有形文化は語源的に入らない。言語の生成変化なども、私らは確かに日本民俗学の対象になりうると思うのだが、英国ではこれはフォークロアには入れていません。フランスでも入れておらぬらしい。ドイツのフォルクスクンデでは、地方語現象は少なくとも管轄の中にある。国ごとに行き掛かりもあって一様とは言えないが、これは国ごとに独自にきめていってよいものと私は思う。永いあいだにだんだん実験したことは、食物のような卑近な物質的な生活様式ですらも、みな背後に信仰なり人生観なりの裏づけがある。これから入っても民族の精神生活のかなり深いところには入って行かれ、またそれを怠っては他の部面の伝承のわかるべきものがわからなくなる。たとえば婚姻や葬祭と食物、酒食の作法によって昔からの人の考え方が初めて明らかになる場合が多いから、私たちは初めて綿密にそういうものを観察しまた記述する。それを英語で言うときはやはりフォークロアと訳するほかはないのだが、尋常の英米人の概念とは違うので、すぐにそんなのはフォークロアじゃないと言う。向うではフォークロアは言い伝え、口碑、昔話とか謎、諺、そんなものを中心にしている様子である。あちらの雑誌をみてもそれがよくわかるが、つまり彼らの民俗学は第二部といった部分に片より過ぎている。学問の範囲などは、やはり国々のこれにたずさわる者の仕事の都合できめるほうがよい。

（「民俗学から民族学へ」傍点柄谷）

「国ごとに独自できめていってよい」という意見は、すでにより一般的な民俗学のイメージを形成した時点からの発想であるが、柳田が「民間伝承論」というような名称を選んでいた時期には、彼は自分のやっていることがフォークロアにもフォルクスクンデにも入らないことを自覚していたはずなのだ。そして、フォークロアが英米の、フォルクスクンデがドイツの〝経験〟に根ざしており、それらがおかれた歴史的な与件に規定されているだけでなく、その与件の意識化にこそ民俗学の本質があると考えるにいたったとき、彼は奇妙ないい方だが民俗学そのものを文化人類学（民族学）的にみる視点、つまり民俗学の自己意識をもっていたということができる。

四

たとえば、民俗学は「内側から」の考察であり、民族学は「外側から」の考察であるといわれている。柳田自身もそういっている。《エスノロジーのほうでは、その土地の言葉の表相を知るというだけで、内の感覚にまではふれられない。同国人が国内のことをやるようにはいかない。しかし私は、エスノロジーの学問の活躍にたいして、少なくともある一面においては非常に大きな期待をもっている》。

しかし、「内側から」と「外側から」という区別は定義ではなくて、漠然とした比喩にすぎない。なぜなら、民俗学者もまた同国人を外側からみる眼をもっているし、民族学者も異国人の内側に入りこむ努力なしには何もできないからである。柳田が感心し「非常に大きな期待をよせた」、『菊と刀』のルース・ベネディクトは在米邦人を観察し実験したのであるが、これもたんに「外側から」の考察とはいいがたい。したがって、同国人だけが理解しうるものとは、厳密にいえば柳田のいう「言葉」だけだといわねばならない。

もっとも、言葉といってもたんに〝表相〟ではなく〝内の感覚〟につながるような言葉である。柳田の初期の一連の研究、『蝸牛考』、『桃太郎の誕生』、『地名の研究』が共通しているのは、それらがもっぱら言葉を問題にしていることだ。「横断面」をみるといっても、彼は各地の習俗その他の外的な側面を比較するのではなく、ただ言葉の比較をとおして、その深層にある〝内の感覚〟に降りて行こうとしている。だからこういってもよい。宣長がそうであったように、柳田の民俗学はあくまで言葉の探求でありそれ以外のものではない、と。柳田の実践的な課題が「国語教育」に集約される所以もそこにある。

このとき言葉は言語学者のいうような言語ではない。言葉は人間のもっと内的な深い領域、ベルグソンがイマージュとよんだものの側から考えられている。言葉は、概念でも事物自体でもなく、それらの起源にある一つの分かちがたい〝経験〟から浮かび上がってくるものであり、あるいはそれに名づけられた（定義された）ものである。

たとえば、柳田は標準語を非難し、方言に固有の微細な感情や感覚に関する語彙にとぼしいことを指摘している。これは関西育ちの私などもよく経験することだが、関西弁はまだしも普及しているからむしろ例外というべきかもしれない。が、今や、一般的に用いられるようになったシンドイとか、エゲツナイという言葉にせよ、それを標準語に翻訳することは難しい。翻訳可能なのはその〝表相〟の意味だけであって、その言葉を真に理解するということは、その言葉でしかいいあらわすことのできない〝経験〟を所有することにほかならないのである。つまり、言葉は、葉ではなく、その根幹あるいは土壌にまで降りえたときにはじめて了解される。しかもこの了解はひとに新たな感情や感覚を創出させ、ひとを変えずにおかないのである。

これは外国語についていっそうあてはまる事柄である。自由に読み書きが出来、流暢に喋れるということは何ものでもない。また知識や見聞が豊かであることもまだ何ものでもない。

森有正は、滞仏二十年ののちに開けてきた境地を次のように語っている。

> ヨーロッパというものが、あるいはヨーロッパの中の個々のものや事象が、観念をとおすことなく、自分の感覚に直接しつつはいってくるようになって、外から借りてきた観念によってそれに解説を与えることの不可能な、一つ一つに、自分から出た解釈をもたらさなければならない、つまりヨーロッパの中で生きる、ということがは

じまった。もう、過去の蓄積を食べているのではなくて、そこから自分で直接養分をとって、自分で食べなければならなくなった。そういう時期に私ははいっている、という感じがするのです。

いまここにおいて、はじめて私は、ヨーロッパのものをほんとうに学んだり、ほんとうに理解したりすることがはじまってきた。そういう意味で、私自身は、これから自分の勉強がほんとうにはじまり、自分の歩みがほんとうの意味をもつのです。このことは、いままでのことがすべて無意味だったということではなくて、ここに達するまでに不可避的にあったある厚い層が、だんだん透明化してきて、その中を通り抜けて、はじめてものが、ほんとうに自分と触れ合うことができるようになった。（ママ）こういうことなのです。

（『生きることと考えること』傍点原文）

ヨーロッパという異質の文化圏の内側に入りこみ、何か不透明な「厚い層」を通りぬけてその「内的な感覚」に到達したという経験が静かに語られている。西欧思想の辞書的・概念的理解をつきぬけてその根幹に触れるまでに、フランス語に早くから習熟していた森氏にして二十年を要したことに注目すべきだ。だが、そのために二十年努力したというわけではない。理解しようとしているあいだは「ほんとうに理解する」ことはできない。理解するとは、自分が変わることだ。そのためには、いつのまにかわかってくるまで待っていなければならない。結果的にそれが二十年だったということである。

ここで森氏がものに触れ合うことができるようになったというとき、そのものはむろんたんなる外的な事物のことではない。われわれは事物そのものをみることはできない。知覚はすでに記憶であるとベルグソンはいったが、われわれの知覚はすでにいわば〝内的な感覚〟としてしか存在しないのである。ものに触れ合うとは、したがってその〝内的な感覚〟を共有したということであり、フランス語の感性的な土壌にまで降りえたということである。

五

だが、これは何もヨーロッパに限られたものではない。異質の文化圏の〝内側〟に入るということには、つねに同じような過程があるといわねばならない。文化を真に外側から比較しうるには、内側まで入りこまなくてはならないのだ。人類学者のフィールドワークなるものに、いつのまにか「厚い層が透明化して」くるまで忍耐強く待ったものがあったためしはない。それは待つかわりにすぐに理解し説明しようとする。しかし、もし未開社会の〝内側〟に入りこむ学者がいたとすれば――それは不可能ではないのだ――そのとき民族学は〝外側から〟の観察だという非難を返上しうるはずである。

しかし、日本の国内についても同じことがいいうる。なるほどそれはわれわれにとって異質な文化ではないが、漢字による概念的なフィルターを通してものをみているかぎり、われわれはまだものに触れ合っているとはいえない。〝内側から〟みるためには、やはり不透明なフィルターが消えてしまうまで待たなければならないのである。

柳田がやろうとしたのは、各地の言葉（昔話・伝説）のひだを一つ一つかきわけながら、その〝内的な感覚〟に到ろうとすることであって、いいかえればそれは言葉以前の言葉、あるいは経験に遡行することであった。

それは過去への遡行であると同時に、源泉への遡行でもある。そして、柳田はこの二つを別のものとは考えていなかったのである。

土語即ち母の語で物を考へるといふことは、必ずしもそれが早く又自然に修得したもので、他の一方は時おくれて外から注入したものだといふ理由だけではないやうである。学校の言葉には制限があり、又統一の為の選定がある。仮に其全部を遺憾なく消化しても、土地々々の実際の必要を皆覆ふだけの余裕は無い。常民の思慮感情は決してさう自由奔放のものではないのだが、是を導くのは各人の環境と、至つて平凡なる昔からの実験である故に、たとへば価値のある新しい材料を授けられたからと言つて、ふだんはさういふ事ばかりを念頭に置いては居ない。如何に国語の教員が干渉を試みるとも、腹で思ふことは勝手でそれには別の語が無いから、依然として入学前から知つて居る語を使用して、考へたいことを考へ、感ずるまゝに感じて居るのである。それが偶〻外部へ表白せられる場合、一応翻訳見たやうな手続を要するか否かによつて、借りた言葉か自分の言葉かゞ決するのである。

（「國語教育への期待」）

この次の節で柳田のいう「人が心の中で使ひつゞけて居る日本語」とは、外的な言語でないことはむろんだが、心理学者のいう「内的言語」でもない。つまり、これは事物でも概念でもなく、しかもその源泉であるような〝内的な感覚〟を意味しており、それはけっして外に表白されることがないのである。

それをもし「固有信仰」とよびたければ、そうよんでもよいであろう。だが、柳田は仏教・儒教・神道などを排除したとはいえ、それと同列に「固有信仰」を考えていたのではない。ただ仏教・儒教・神道といった〝信仰〟よりもさらに源泉にあるもの、日本人が日本語を通して感じ考えることそのものにひそんでいるものを感じとろうとしたのである。

柳田は「固有信仰」なるものをそれ自体としてとりあげたことはほとんどない。しかし、どんな対象をあつかっても「固有信仰」にまで遡行しなかったこともほとんどないのである。『食物と心臓』というような日常の食生活を論じたものでも、言葉を通して「固有信仰」に至ろうとしている。《食物のような卑近な物質的な生活様式ですらも、みな背後に信仰なり人生観なりの裏づけがある》。

柳田は心理、習俗、信仰、制度などを個別的に扱ったことはない。いいかえれば、心理学、社会学、神話学、宗教学、国語学などといった個別化によって考えたことがない。それは柳田の窮めようとした「固有信仰」が、たんなる心意現象でなく、人間のあらゆる行為をふくんでいたからである。つまり、柳田が〝内側から〟降りて行こうとしたのは、けっして外にそのまま表白されないが内的には持続している〝経験〟にほかならない。それは言葉以前の言葉であり、さまざまな感覚や行為と切りはなすことができないのである。

Ⅳ　言葉・経験・記憶（その二）

一

先述したように、柳田は言葉の「表相の意味」はともかく、その「内の感覚」は〝内側から〟しかとらえられないといっている。この場合、〝内側から〟とは、具体的にいえば郷土人自身によって、ということである。柳田は、日本人だけが日本語の「内の感覚」を了解しうるといっているのではない。同じ国内においても、「内に住む者の同感と共同素養」を共有しないかぎり、それは不可能だというのである。

地方の教育者諸君は、最も大切な我々の仲間であり、同時に又此学問の、第一次の利用者でもあるのだ。個々の郷土の横断面的事実には、ほんの行きずりの旅人にも、又私たちのやうな都会人にも、比較的容易に認識し得られるものもあるが、中には又それの望み難きものも少なくない。内に住む者の同感と共同素養に由るに非ざれば、その淵底を究め難い事実が、日本のやうに国としても又郷土としても、久しく孤立を習ひとして居た一国に於ては殊に多いのである。諸君も多分経験して居られるであらう如く、一軒の家一群の部落の中の交際では、雄弁は無用であるのみか、時としては言葉そのものさへ無くてすむ場合が多い。外から来た人の之を解し得ないのは当然である。郷土人の自身の観察が欠くべからざるものになるのも其為である。

　私はこの民間伝承の資料を、三通りに分けて見ようとして居るが、その中のたつた三分の一だけが、眼に映じ又は写真にとられ得る、所謂有形文化であつて、即ちほゞ外部から見ただけで理解し得る事実と言へるが、是とても尚こちらの認識の誤つて居らぬことを確かめる為には、やはり一応は郷土人の心意に触れ試みる必要がある。次にこの外形の生活誌を解説せんとする方言名称伝説口碑、その他色々の言語芸術は、苟くも同一国語の圏内であるならば、耳ある限りは誰にでも採集し又会得し得るやうに思はれるが、それも国柄によりけりであつて、日本の如くたゞ叙情的に物を言ひ、多くの感投詞を交換し合つて居た国では、その速記だけでは人の心の隈ごとに、隠れて居る心持までは把捉し得ぬ。従うて是にも郷土人の参加は常に必要である。ましてや第三部の心意上の諸事実、人が心の裡で願ひ望み、もしくは黙つて避けたり控へたりして居る日々の心持は、それが社会の動きを構成する重要な分子であるに拘らず、いくら同国人でも外から来た我々には、先づ其存在を知ることが困難であり、之を理解することは殆と絶望である。別の語でいふと此方面の歴史は、歴史家を郷土外に期待することが不可能なのである。（「郷土研究と郷土教育」傍点柄谷）

ここで、注目すべきことは、「心意上の諸事実」は当然のこととして、「眼に映じ又は写真にとられ得る、所謂有形文化」でさえも、それを「郷土人の心意に触れ試み」てみなければ、わからないといっていることである。同じものをみていても、われわれは違ったふうにみている。というのは、われわれの知覚は、たんなる生理的な視覚ではなく、すでに構造化されたものだからである。

「客観世界」とは近代哲学・科学によって想定されたもので、もしわれわれの知覚の次元におりて考えれば、そのようなものは存在しない。知覚は、精神あるいは言葉と切りはなされたメカニズムではなく、まさに知覚そのものに精神あるいは言葉が働いているのである。

E・T・ホールは、異なった文化圏にすむ人間は、ただ異なった言葉をもつばかりでなく、異なった知覚世界をもつといっている。これは、知覚というものの性質を考えていけば、当然出てくる考えだが、柳田が言葉の「内の感覚」といったとき、当然そのことをふくんでいたのである。

ものがみえてくるのは、たんなる視覚によってではないので、いわば「内に住む者の同感と共同素養」に入りこむことによってである。つまり、知覚と言葉は深いところで緊密に結びついており、そのようなものとして言葉は人間の根底にある。「言葉の内的感覚」といっても、「心意」といっても、柳田は同じことをいっているのである。

知覚にせよ、さまざまな行為にせよ、その「心意」を問題にするとは、「心理」ではなく、そこにひそむいわば沈黙の言語を問題にすることである。この意味で、言葉は発語されていようといまいと、人間のあらゆる行為のなかにある。柳田がみきわめようとした「言語の内的感覚」は、たんに言葉だけの問題でなく、行為につながり心意につながるものであった。言葉の意味の変化を、柳田が重大なこととみなしたのは、言語学者とは違って、そこに人間の存在形態を凝縮して考えていたからである。

二

たとえば、アメリカ先住民のホピ族の言語を研究したベンジャミン・ウォーフは、われわれの知覚や経験が言語と切りはなしがたいことを、次のようにいっている。

われわれは、母国語の規定した線にそって自然を分割する。現象世界から取り出す範疇とか型は、すぐそれとわかる姿で観察者とむかい合っているからそこに見いだせるというのではない。むしろ、外界は、さまざまな印象の変転きわまりない流れとして現われ、それをわれわれの心——つまり、われわれの心の中にある言語体系というのと大体同じことであるが——が体系づけるということになるのである。われわれは自然を分割し、概念の形にまとめ上げ、現に見られるような意味を与えていく。そういうことができるのは、それをかくかくの風に体系化しようという同意にわれわれも関与しているからというのが主な理由であり、その同意はわれわれの言語社会全体で行なわれ、われわれの言語のパタンとして規定されているのである。もちろん、この同意は暗黙の服従を要求するものである。この同意に基づいて定められているようなデータの体系づけや分類に従うことなしには、われわれは話すことすらできないのである

（「科学と言語学」傍点柄谷）

ウォーフが「われわれの心の中にある言語体系」といっているのは、柳田が「人が心の中で使いつづけている日本語」といったものと同じだといえる。しかし、柳田はそれを

「言語のパタン」としてとり出そうとはしない。つまり、彼は人々をそのなかで育み諸個人たらしめている体系《システム》とか構造といった発想をとらないのである。

構造主義的な発想の始祖はデュルケムで、彼の著書は柳田もよく読んでいるのだが、フレーザーからほどの影響を受けなかった理由は、一つにはそれが明快な体系化をめざしていて、微細なものの観察をふまえた重みを欠いていることである。だが、もっと重要なことは、そこに倫理的な関心が欠けていることである。たとえば、デュルケムは神とは「社会」のことだといったが、それによって道徳は社会学的対象と化し、各国・各地方の道徳はその固有性を捨象されて一般的に考察されることになる。もちろんそれぞれの違いはあるけれども、たとえばエリアーデにおいては、宗教現象は普遍的な「型」として考察され、ホールにおいては、「かくれた次元」として各文化の「型」が見とおされる。

柳田がそういう志向と基本的に異なるのは、彼にとって中心的な課題がいわば〝道徳〟にあったからである。彼はそれを、社会であれ文化であれ言語体系であれ、そういうものに還元することも変換することもできないものと考えていた。〝道徳〟というかわりに、人間を窮極的に生かしめている「道」といってもよいが、彼の関心はそれを説明することにはなかった。柳田が理論的であるより実践的だった所以は、実はその問題自体が、実践的な性質のものだったからである。

柳田が「固有信仰」というとき、その〝固有〟が何を意味しているのかを考えてみればよい。彼は、日本人だけの、日本だけに特殊な信仰形態のことをいっているのではない。たとえば、祖先信仰にしても、「型」としては世界各地にあり、なにも日本だけのものではない。だから、固有という言葉は特殊ということではない。たとえていえば、私という実存は、他のだれともとりかえることができないという意味で固有のものだが、それは、私が他のだれかと違っているとか、特殊だとかいうことではない。他のだれかもまた固有の実存なのである。柳田のいう固有信仰は、したがって、他国と異なった信仰という意味ではなく、われわれが現にここに在り、ここ以外にはいないということの固有性からくるのだ。

柳田が本質的な意味で〝歴史〟的なのは、こういう固有性・事実性を自覚していたからである。もとよりそれは歴史学とは関係がないので、柳田の眼からみると、歴史学にこそ真の意味での〝歴史〟が欠落しているのである。「型」を追求する文化人類学に、それが欠けていることはいうまでもない。

固有性を問うとは、他のものとの違いを明らかにすることではない。それがそれ以外ではありえないということの意味を問うことだ。したがって、柳田が倫理的であるということと、歴史的であるということは同義であって、彼の課題が理論的であるより実践的であった所以もそこにある。

三

柳田は、郷土人自身の実験と観察が不可欠だといっている。それは各郷土の経験が特殊だからではなく、固有だからだ。柳田が各地の郷土史家から特殊性（お国自慢）を奪ってしまったことは以前に述べたが、逆にいえば、そのことによってはじめて彼らの固有性を自覚させたのである。郷土の歴史は郷土人以外に知ることができないというとき、むろん柳田は、なんらかの事件や記録にのこる出来事を歴史とよぶのではない。日々何気なくくりかえされ、かつ徐々に変化している人々の生活史を〝歴史〟とよぶのである。

柳田にとって、郷土人自身の観察と実験は、利用する立場からではなく、そのこと自体が大切だったのである。柳田が彼らの報告を利用すべき史料としてあつかったことはいうまでもないが、しかしそのことと、郷土人自身による内省そのものを重視することとは矛盾していなかった。柳田の民俗学は、つねに一方で郷土人自身の自己対象化を促すことを課題にしていたのだ。日本民俗学は、理論的研究であると同時に、一つの実践的な運動にほかならなかったのである。

この点は、ウィーンで精神分析運動をおこしたフロイトの例をとると、いっそう明らかになるだろう。たとえば、フロイトは『夢判断』によってあらゆる領域に影響を与えたが、実際にはひとがみた夢の内容そのものよりも、その夢に対する当人の解釈や判断を重視していた。彼は、治療という実践においては、『夢判断』に書かれたような一般的分析をあてはめたりはしない。夢の意味は、患者にとって固有なものだからだ。彼は、患者が見た夢を喋り、それに対する解釈を語ることを不可欠とみなしたので、むしろ患者自身による省察を深化させていく産婆術を治療行為とみなしたのである。

患者と対面しているとき、フロイトはそこにその人に固有の生活史Lebensgeschichteを見出す。心理学に〝歴史〟を導入したことに、フロイトの画期性があることはいうまでもないが、彼は、患者が治癒するとはその固有の〝歴史〟を自己認識することだとみなしたのである。

郷土人を患者と比するのはおかしいかもしれないが、柳田が郷土研究者に対してとっていた関係は、ほぼそれに類似するといえる。一つは、どの研究者も横のつながりがなく、ひとりひとりが柳田と向かいあうような関係だった点である。さらに、郷土研究者自身の内省が不可欠だと考えられた点である。もう一つ、これが大切なのだが、柳田は彼らの観察と実験を、いわば患者自身による夢の解釈のようにみなしていて、それをまだ真実だとは考えなかった点である。

治療という行為から切りはなされたとき、精神分析学は、その意義をうしなうとはいわぬまでも、基本的に変質せざるをえない。それと同じように、郷土研究の組織化という実践から切りはなされて一般的な理論化に向かうとき、日本民俗学は変質する。それは柳田の死によって終わるか、もしくは別のものになるほかない。だから、この意味では、柳田ありせば、とか、もし柳田だったらといった批判は自家撞着であって、柳田はただそのような関係が存するかぎりにおいて柳田たりえたからである。

したがって、この変質は非難すべきことでも、評価すべきことでもない。ただ私がいいたいのは、柳田民俗学が一つの運動たりえたのは、彼が元高級官僚として各地ににらみがきいたからでも、抜群の組織力をもっていたからでもなくて、彼の志向がもともと実践的(倫理的)な性質をもっていたからだということである。

つまり、それは「経世済民」ということだが、農政学と異なるのは、そのとき柳田は物質的な条件よりも精神的な条件を重視していた点である。しかし、柳田の考えでは、この二つは緊密に結びついているのである。

四

話は最初に戻るが、柳田は言葉を伝達の手段としてではなく、人間のあらゆる行為の根底にあるものとみなした。労働であれ食生活であれ、それを「心意」の側からみるということは、柳田の場合、残された文献史料からみるのではなく、現に使われている言葉の「内の感覚」に下降することにほかならない。しかも、柳田はそれを、たとえば次のように〝実験〟しうる残存物のなかに見出すのである。

言葉の感じを共同に相続した者で無いと、斯ういふフオクロアの問題に深入りすることが出来ぬ理由は、世が改まると共に古いものが全く消えてしまふからである。たとへば「なまぐさい」といふ古い形容詞は、都市の標準語では不愉快な感覚の一つでしかないが、今でも多くの田舎の人々には、少なくとも此語の連想は最も明朗である。主人が大きな旅行に出発する朝の食事、又は子供の誕生日や入学の日に、この「なまぐさけ」を用意することは、どんな貧しい家でも大抵の主婦はする。出来ることなら尾頭の附いたものをと謂つて、屢〻小さな鰯などが買求められるのである。生臭いといふ語は最初から、好ましい感じを表はす形容詞とも思はれない。始めて之を使つたのは仏教信者などの、所謂精進を以て此種の食物を警戒することだと、解して居た人たちであつたらうが、なほ多数の者は此語の外形だけを採用して、之を目出たく悦ばしい意味に使つて居るのである。是に該当する固有の単語は伝はつて居らぬが、或は其以前には無かつたのかも知れない。自由に魚類を食ひ得る状態は普通のもので、たゞ単に家々の生計が之を許さなかつただけだからである。現に今日では又之を食ふ機会が多くなつて、同じ形容詞はやゝ又異なつた意味に、用ゐられようとして居るのである。

（「のしの起原」）

「なまぐさい」を悦ばしい感覚だと思う人々には、「なまぐさけ」を食う生活経験がある。あるいは、その経験がなくなった場合でも、「なまぐさい」という言葉はその意味を保ったまま存続し、やがていつのまにか不愉快な感覚の意に転化してしまう。柳田は現在の断面からそういう〝歴史〟をかぎとるのだ。

たとえば、T・S・エリオットは、詩形式のわずかの変化の底にも尨大な社会構造の変化が横たわっている、といっている。

それは、社会構造が変わったからといって、言葉の意味が変わるとはかぎらないが、言葉の意味が変わるときには、まちがいなく社会構造の変化があるということだ。柳田の考察は、言葉の「心意」の側から社会構造や生活経験の変化に向かうのであって、その逆ではない。これは一見すればあいまいなようにみえるが、これほどに確実なものはありえないのである。

と同時に、彼は、「なまぐさい」を悦ばしい感覚だと思う人々にすら忘れられている固有信仰に遡行する。「飲食物の精神的側面」がこうして照明される。

私はほんのささやかな例を示したにすぎないが、柳田のやり方はここにも典型的にうかがわれるだろう。われわれは、「なまぐさい」という言葉から、一瞬われわれの生活経験の変遷と、かつてあった飲食と信仰心意との連関を想起させられる。言語史・経済史・宗教史が分かちがたいまま、一つの言葉の「内的感覚」によって照らし出されるのである。いいかえれば、それは柳田が言《コト》と事《ワザ》と心を分離しなかったということであり、また言《コト》をとおして事《ワザ》と心を知ろうとしたということである。言葉を人間の経験の核心に見出していた柳田にとって、その意味変化はただちに人間の全領域における変化を暗示するものだったからである。

しかし、それはすでに本居宣長が実行していたことである。

> 心も言も事も、上代の人は、上代のさま、中古の人は、中古のさま、後世の人は、後世のさま有て、おの〳〵そのいへる言となせる事と、思へる心と、相かなひて似たる物なるを、今の世に在て、その上代の人の、言をも事をも心をも、考へしらんとするに、そのいへりし言は、哥に伝はり、なせりし事は、史に伝はれるを、その史も、言

を以て記したれば、言の外ならず、心のさまも、又哥にて知べし。言と事と心とは其さま相かなへるものなれば、後世にして、古の人の思へる心、なせる事《ワザ》をしりて、その世の有さまを、まさしくしるべきことは、古言、古哥にある也。（『うひ山ふみ』）

こうしてみると、柳田が西欧のどんな学者よりも宣長に深い影響をうけていることがわかるが、さらにいえば、宣長の最終的な課題が「道」を明らかにすることだったような意味合いで、柳田の探究もまたその底に深い倫理的関心を秘めていたということができる。柳田が文献に依らなかったとか、また彼自身はむしろ懐疑論者だったとかいうような差異よりは、むしろ宣長との類似の面のほうが大きいのである。

五

ところで、先にあげた「なまぐさい」の例でも明らかなように、柳田が照らし出す過去には、いつ、どこで、ということがわからない。わからないが、どんな記録よりも確実のように感じられる。歴史学者は外的証拠を求めるが、柳田は、一つの言葉の内的感覚をひきがねにして、ちょうどプルーストのように、われわれの「うしなわれた時」を見出すのである。

いつ、どこで、ということは、ある程度推定しえないわけではない。もっとも柳田によれば、年代史と重ね合わせることができるのは足利時代頃までで、それ以前はわからないという。しかし、いつどこでということは、柳田の考える〝歴史〟においては無意味なので、そこに史学に対して投げかけた柳田の強い懐疑が存する。

之を要するに今までの歴史の中心となつて居た事件主義、たつた一回しか起らなかつた出来事によつて、時代の全部を明らかにしようとする為に、非常な史料の厳選を専らとする代りに、斯ういふ何千万回と無くくり返される事実の観察によつて、それの持つてゐる重複の一致の効果を利用して行けば、少なくとも同一程度の安全さを以て、昔行はれて居た文物制度の変遷を、確めることは不可能で無いのである。しかしそれを企てる為には、一区域の郷土研究では功を遂げない。（「郷土研究と郷土教育」）

いはゆる新井白石流の歴史であれば政権の変遷だけで時代を区切ることが出来るが、かうした人間の歴史は必ずしも時代の変遷を輪切りのやうに区切るわけにはゆかないのである。じつは初期農法の残つてゐる部落が、最新農法の隣村に存在したりもしてゐるのである。（『故郷七十年』）

時代区分は政治史や精神史によってなされる。しかし、「世相史」という面からみれば、そういう区分は不可能である。社会的な発達は不均質であり、まさに不均質であるがゆえに、柳田にとって、それは生きた史料たりうるのである。

それはともかくとして、柳田の〝歴史〟が歴史学者のそれと異なるのは、前者において過去とはいわば想起されるものであり、本来的な意味での「記憶」（ベルグソン『物質と記憶』）にほかならないというところにある。

過去を知ることと過去を想い出すこととは本質的に違っている。歴史学によって、われわれは過去を知るが、それはいわば「まなぶ」ことにすぎない。《「おぼえる」とは「思ふ」といふ言葉とも同じであつて、記憶をも意味し、古人のいつたことを想ひ出すこと、また自ら静かに考へに耽るといふこともその中には含んでゐる》（『故郷七十年』）。

つまり、柳田にとって、〝歴史〟とは想い出すものであり、まなぶものではない。そして、想い出される過去は、過ぎ去ったものであると同時に現存するものでもある。また、それは私が個人的に体験したことでなくても、なにか私自身がそのなかにつつまれていたような〝経験〟として想い出されるのである。

柳田は少年時の体験を次のように回想している。

土地の者はもちろん古い言葉だといふことを知らずに、東南から吹いて来る風をイナサと呼んでゐた。このイナサといふ風の名前を使ふ区域はなか〳〵広い。たゞ北はさうひろくまで行つてゐないやうだ。西の方は思ひの外ひろく、四国の土佐、九州の日向の海岸の一部でも聞くことができる。大体において海を南にする地域に行はれてゐるのである。

子供の私が大利根の白帆に驚き、イナサの名に強く心をひかれてから、その後少しでもこれに似よつた言葉があると、すぐ結びつけて考へるのが常となつた。しかし一歩進んで沖縄にも類似の言葉があつたらと思ひはじめたのはさう古いことではない。といつてももう二昔も前のことになるが、沖縄にヨナミネとかヨナウタ、ヨナバラ等ヨナといふ言葉がたくさんあるが、あれが海といふことではないかと思ふやうになつた。（中略）

とにかく私がイナサに近い発音の言葉を見ると、いつでもパーッと利根川の白帆を思ひ出し、それからまた似たものがどこかにないかと探し出したりする習慣は、明治二十年九月、布川に移り住んだあの時に身につけたものであり、それがずつと今日までつゞいてゐるのである。

（『故郷七十年』）

ほかにも柳田が民俗学者になるべくしてなったかのように思わせるエピソードが沢山書かれている。いうまでもなく、それらは柳田が民俗学者になった〝原因〟ではない。むしろ柳田が、自分の個人的な体験を、偶然的なものとみなさず、つねにそれをより広大な〝経験〟として意味づけてきたことが重要なのである。

利根川の白帆に驚き、イナサの名に強く心をひかれた私的な体験は、それ自体ではまだ何ものでもない。しかし、この驚きのなかには、あるいは心をひきつけられたことのなかには、なにか彼がかつて知っていて今は忘れてしまったものに出会ったような感覚があったといえる。晩年の『海上の道』は、いわばそれを想い出そうとしたものだといえなくはない。柳田は、イナサという発音を白帆と結びつけておぼえたとき、その表層の意味（東南風）ではなく、「内の感覚」を知ろうとする欲求に駆られたのだが、それは彼の資質であると同時に、彼の民俗学全体の方法ともなったのである。いいかえれば、言葉を諸個人がつかうものとしてでなく、むしろそのなかで諸個人が自己を知るものとして見出したことにおいて、柳田の私的体験は共同の経験としてのひろがりをもちえたのである。

V　言葉・経験・記憶（その三）

一

柳田にとって、歴史は思い出すものなのだ、と私はいった。けれども、「思い出す」ことをたやすいことだと考えてはならない。たとえば、フロイトは神経症の患者には、かならずなんらかの記憶障碍があると考えたが、私は広い意味で、柳田もそう考えていたと思っている。

日本の近代を一つの疾病とみることは、どんな思想家でも文学者でも変わりがない。だが、その疾病が何であり何に由来するのかということになると、無数の診断がある。たぶんいずれもまちがってはいないが、そういう自己診断は柳田からみれば、神経症患者があれこれと病因を考えるのに似ている。その種の批評や反省は、どこまでいっても表層に終始していて、核心にとどくことはない。いわば「内の感覚」にまで降りることはない。そう柳田は考えていたようにおもわれる。
たとえば、柳田は、日本がなぜ戦争に敗けたかは百年経たないとわからないだろうという。このいい方は注意を要する。彼は、なぜ敗けたかといっているので、戦争を批判しているのではない。むしろ敗軍の将として語っているのであり、彼の「反省」は自分の学問の力が足りなかったというところへ行くのである。

　これはやや奇異な感じを与える。それは、ここには歴史を流れるものとしてでなく、また自らに敵対して運命のようにのしかかってくるものとしてでもなく、たんに作りうるものとしてみる眼があるからだ。これは、彼が明治の官僚であり学者であったことと切りはなすことはできない。敗戦にいたる過程を、柳田は自分の責任のように考える。これはいわゆる戦争責任の類とはまったくちがう。いわば、建物が崩れたとき、自分の設計図の不備を恥じる建築家のように、柳田は考えているのだ。

　だが、柳田にとって「作る」とは、あれこれと制度をいじったり、空想的な政策を立てることを意味しない。その逆であって、すでにいったように、彼のなかには、ベーコンの次のような明確な認識がある。

人間は、自然に奉仕するもの、自然を解明するものとして、自然の秩序についてじっさいに観察し、あるいは精神によって考察したことだけをなし、理解する。それ以上のことは、知らず、またなすこともできない。

人間がなしうることは、人間が「自然」について知りうることだけだ。「自然」とは、柳田の場合でいえば、日本の歴史にほかならない。それを知らないで、どんなことを企てようと失敗するほかはない。こういう確信は、人間にとって人間は了解可能であるというもう一つの確信と両面をなすものだが、そこに柳田のラディカリズムがある。

敗戦の原因について、柳田は次のようにいっている。

我々の国史学は、全体に中世以後、殊に近世の観察におろそかであつたことが、斯ういふ方面を見てゆくと、露骨なほど明らかになつて来る。歴史を公民の闕くべからざる修養とする為には、先づ不完全極まる説明を以て、すぐに満足してしまふ様な、今までの教育方式を撤却し、どんな小さな現在の疑問でも、出せば答へられるだけの用意をととのへるのみで無く、同時に之に由つて身近なる未知世界を開拓して、新たな智慧を収穫しようとしなければならぬ。さういふ機縁は特に信仰生活の方面に多く、しかも問題は道義や経済、その他あらゆる変遷とからみ合つて居るといふことが、僅かな注意の向け方によつて、いとも手軽にわかつて来る。人が近世史の無知を恥としなかつた気風、是が或は敗戦の主因だつたかも知れない。
（「窓の燈」『氏神と氏子』）

こういう見方はひとの意表をつくものだが、たんに視点がユニークだというようなものではありえない。われわれは、「原因」をあまりに近くにもとめるが、根はもっと歴史的に深いと柳田はいっているかにみえる。しかし、柳田がいっているのは、われわれが近くをみすぎるということより、むしろ近くをみないということなのである。眼前にころがっている平凡で瑣末な事実をみないということだ。

柳田の考えでは、近世史に関するわれわれの無意識あるいは記憶障碍こそ、敗戦にいたる日本の近代の疾病の原因である。近世史はそれならどのように解明されるのか。柳田がふつうの歴史家のような意味でそういっているのでないことは明らかであろう。民俗学が具体的な年代史と結びつくのは、せいぜい足利時代までである、と柳田はいっている。

つまり、近世史とはいわば民俗学を年代史の相においてみたものにほかならない。そして、近世史を知るとは、歴史学的な知識をもつということではなく、それを「思い出す」ことである。民俗学とはその方法の謂である。

フロイトは、「精神分析療法の使命は、すべての病原的な無意識を意識に転化するという公式に要約できる」といったが、柳田の民俗学もまたそうだといってもよい。フロイトが疾病の原因を、隠され忘れられた生活史のなかにみようとしたように、柳田は現代の問題を、隠された歴史、すなわち「常民の歴史」においてみようとした。彼にとって、病原はあまりに深いところ、それでいて手近なところにあったのである。しかし、「思い出す」ことを、たんなる内省一般と同一視してはならない。なぜなら、民俗学的な方法によってしか、それは思い出しえないということにこそ、柳田の期するところがあったからである。

二

柳田にとって、症状の「意味」を探ることは症状を治療することであったといってよい。したがって、彼において、歴史学は理論的であるより実践的な問題だったのである。彼は「隠された歴史」を対象化しうるし、対象化すべきものだと考えたけれども、それをたんなる理論的問題と考えなかったのは、この〝無知〟がたんなる知識の問題ではなかったからである。

フロイトは、治療という実際がもたらす困難を次のようにいっている。

……今までくわしく述べてきたところによれば、神経症はまさしく一種の無知、すなわち知っているべきはずの心的過程を知らないでいることの結果だということになります。それは、悪徳すら無知にもとづくという、あの有名なソクラテスの説に非常に似ているといってもよさそうです。さて、分析の経験を積んだ医師にとっては、個々の患者においてどのような心的活動が意識されないままになっているかを推測することは非常にたやすいことです。ですから、自分が知っていることを患者に教えて、患者を彼自身の無知から解放することにより、その患者を回復させるということも、医師にとってむずかしいことではないでしょう。少なくとも症状の無意識的な意味の一部分はこうして容易にかたづけられるでしょうが、他の点、すなわち症状と患者の体験との関連については、医師といえどももちろん多くを推測することはできません。というのも、彼は患者の体験を知らないのですから。（中略）

……「知る」とはいっても、それはいつも同じことではないのです。心理的に全く価値の異なるいろいろの種類の知識があります。（中略）医師の知識は患者の知識と同じではありませんし、同一の効果をあげることはできません。医師が自分の知識を話して伝えても、それはなんの効果をも示さないのです。いや、そういうふうに言うのは正しくないでしょう。それには症状を取り除くという効果はないが、分析を進めさせるという別の効果はあるのです。患者の側からの抗議の表明は、しばしばそのことを裏書きする最初の徴候です。患者はこの場合自分の今まで知らなかったあること、すなわち自分の症状の意味を知るわけですが、それでいてその意味を知らないことは前と変りません。そこでわれわれは、無知といっても一種類ではないことを経験するのです。この差異がどこにあるかを示すためには、われわれの心理学的な知識をある程度深化させる必要があります。しかし、症状は症状の意味を知るとともに消滅するという命題は、やはりどこまでも正しいのです。

（『精神分析入門』）

このように書くとき、フロイトは〃無意識〃を、医者と患者の関係においてのみ見出している。症状の「意味」を知るということは、たんなる知識の問題ではない。治療という実践的な場からはなれると、フロイトの考えは、何もかも説明しうる便利な説明体系になってしまうほかない。同様に柳田の民俗学も、郷土人（もしくは郷土研究者）との対話弁証法《ダイアレクティック》を欠いたならば、たちまち古ぼけた資料の集積でしかなくなってしまう。柳田をそのようにしてみる者にとっては、疑いなくそうであり、且つ柳田の見当違いも各所に見出されるであろう。

しかし、柳田にとって、たとえば郷土研究者の報告は、それを利用すべき立場からより、それ自体が重要だったことを忘れてはならない。すでにくりかえしたように、柳田の学問は窮極的に実践的な性質をもっている。彼の課題は、一方で民俗学を学として確立することであると同時に、それが郷土人自身の自己認識であるのでなければならなかった。この二つは、切りはなすことができないので、切りはなせば、柳田にあったダイアレクティックは消滅するほかないのである。

たとえば、次のように書くとき、柳田はおそらくフロイトが感じたような問題をいっていたと思われる。

一つ〳〵の郷土に持伝へた前代知識と、外から私たちの供給したいと思ふものとは、明らかに形や品柄のちがひがある。土地に生れて一生をそこに送つた人の記憶は精確であり、又極端に忠実でさへもある。たとへば昔の或一人の思ひちがひ、もしくは信じられた作り事が、いつ迄も伝はりまじつて居るといふことも有り得る代りに、証拠以上の具体的な事実が、あらゆる疑惑を杜絶して、それはどうだかと思ふやうな不安は一つも無かつた。之に反して民俗学の知識は条件附である。其場を知つて居るのでないから動かぬことは言へない。通例斯ういふのが日本には多いから、多分は例外ではあるまいといふ程度で、それも今日はまだ同じ道を進む者が少なく、いつも隅々にはどんな新しい事実が、是から後も現はれて来ぬとは限らぬと、用心をしつゝ話をして居るのである。之を利用せんとする者の態度は、当然に今までと異ならざるを得ない。

（「窓の燈」『祭日考』）

柳田のこういう慎重さは、実証主義からきているのではない。彼は、郷土人の記憶をそれ自体としては信用していないが、「外から供給したいと思ふ」省察は、郷土人の記憶とはちがって不確かである。もちろん、彼らの記憶を捨象すれば、いくらでも都合のよい説明体系ができるし、また外国の学説を応用して明快に解くことができる。

しかし、フロイトのばあいでいえば、そのとき患者はけっしてならないであろう。医者は、自分の推定した説をたえず修正していく用意がなければならない。むろん、郷土人が病人だというのではないが、柳田の方法が郷土人とのたえまないダイアレクティックにあったということ、これは彼の姿勢が、いわゆる「経世済民の学」として、もともと実践的であったところからきている。われわれは、それを実証的方法一般と区別しなければならない。なぜなら、この方法はたえず〝事実〟から飛翔する想像力を必要とするものだからである。郷土人の言い分に従っているかぎり、真実はわからず、また従わないかぎり、真実はわからない。柳田における学問の姿勢は、そういう緊張のうちにある。

三

柳田は『地名の研究』のなかで、こういっている。

最初の出発点は、地名は我々の生活上の必要に基いて出来たものであるからには、必ず一つの意味をもち、それが又当該土地の事情性質を、少なくとも出来た当座には、言ひ表はして居ただらうといふ推測である。官吏や領主の個人的決定によつて、通用を強ひられた場合は別だが、普通にはたとへ誰から言ひ始めても、他の多数者が同意をしてくれなければ地名にはならない。親が我子に名を付けるのとはちがつて、自然に発生した地名は始めから社会の暗黙の議決を経て居る。従つてよほど適切に他と区別し得るだけの、特徴が捉へられて居る筈である。ところが現在の実際はどの地方に往つても、半分以上の地名は住民にも意味が判らなくなつて居る。世が改まり時の情勢が変化して、語音だけは記憶しても内容は忘却せられたのである。

過去の或事実が湮滅に瀕して、辛うじて復原の端緒だけを保留して居たのである。もう一度その命名の動機を思ひ出すことによつて、何等かの歴史の闡明せらるべきは必然である。だから県内の地名はどのくらゐ数が多くても、やはり一つ〳〵片端から、其意味を尋ねて行く必要もあり、又その興味も有るわけである。

柳田は、ここですくなくとも三つの事柄を語っている。一つは、ひとびとが考えている地名の意味は、そのもともとの「意味」とは異なるということである。もう一つは、地名をたんなる名称としてでなく、「自然と人間」の関係において、すなわち必要あるいは必然的な問題としてみているということだ。

彼は、昔話の変化について次のようにいっている。《無意識に変えているものはわれわれは採用するのです。われわれは生物採集みたいなものですから、インテンショナルに変えたものは警戒しなければならない。そこに一つの境があるのですよ》（「日本文化の伝統について」）。

つまり、恣意的な地名、あるいは「官吏や領主の個人的決定」によるような地名を柳田は省いてしまう。いいかえれば、柳田はただ必然的なもののみを見ようとするのである。しかし、この必然性《ネッセシティ》は、あくまで人間の「必要《ネッセシティ》」の側から考えられていることに注意しなければならない。

たとえば、宣長はこういっている。

されば漢国に聖人と云神の出て、其道を作れるは、人事なる故に、人の作れる道也とは云なり。聖人の如きは神なれども人也。故に其作れるは人の作れる也。まことの道は、いざなぎいざなみの神の始めたまひつる道にして、皇国に伝はれり。

（『鈴屋答問録』）

こういう考えは、一見すれば馬鹿げてみえるけれども、実はそうではない。西欧近世の哲学者がアリストテレスに基づく自然学の体系をくつがえす際に、それをいわば人が作った道にすぎないとし、神が作った道を究めようとしたことに、これは対応するものだといえる。自然は、神が作ったのだから、そして神はでたらめに自然を作りはしないはずだから、まだ人間が気づいていないが必ず合法則性があると、彼らは信じた。つまり、初期の科学者を動かしていたのは、むしろ熱烈な神への信仰にほかならなかった。それと対応的にみれば、宣長が神を超越化していったことには、自然を既成の観念や理論をすててみようとする姿勢がうらはらに付随していたのである。

しかし、柳田の場合は、もはや「神と人間」という発想をとらない。それが折口信夫ともちがうところだが、それにもかかわらず、柳田の「自然史」の考えには、宣長の思想のもっとも重要な核心がうけつがれている。

柳田はたとえば、地名を人が恣意的に命名したものだとは考えない。その意味では、「人が作った道」ではなく、「神が作った道」である。だが、彼はいうまでもなくそれを、「神が作った道」とは考えず、人の意思によるものとみなす。いいかえれば、柳田は、地名（だけではない）を、人間が作りながら且つそれが恣意でなく、あたかも何ものかに強いられて作ったかのようにみなすのだ。柳田が「必要」というのは、そういう意味であって、ここに柳田の、人間という存在に対する根本的な省察がある。

昔話の話者について、柳田はいう。《話者に今日の作家の様な特別の準備が無くて、常に自然の印象と記憶力とによつて動かされて居た》。彼らは、恣意的に語るようにみえながら、その話の構造性に拘束されており、容易に話を変改しえない。だから、もし一定規模の変更があったとすれば、話者自身の意志からではなく、話者を強いるなんらかの必然（必要）からである。

重要なのは、柳田が、そうであるがゆえに、無変化なものであれ変化するものであれ、必ず人間にとって了解可能なのだとみなしたことである。《意味が無いと云ふ事実は、取りも直さず大なる意味を含んで居るものと云ひ得るのである》。

私の感じた所では、狂人の言といへどもよく聴いて居ると何か趣意が有る。ましてや正気の人のしかも多数、甲が唱へ、乙丙丁が之に賛同した言語の適用にして、理由の無かつたもの、無茶を言はうとしたものが有らう筈は無い。それが知れないといふのは歴史の埋没を意味する。今日汗牛充棟の歴史の書は有るけれども、まだ〳〵我々には学べば学ばるゝ新しい過去の知識が、しこたま潜んで居るといふことをこの地名の不可解が教訓して居るのである。

これは、フロイトが、「いいまちがいはけっして偶然ではなくて、まじめな精神行為であり、それ固有の意味をふくんでいる」といったことを想起させる。しかし、このようにいうためには、一つの前提が必要である。それは、人間をなにものかに強いられた存在としてみることであり、恣意性が通用しない位相においてのみみるということである。

四

先に引用した『地名の研究』のなかの一文で、もう一つ重要なことは、柳田が言葉の音声と意味をべつべつのものと考えたことである。《世が改まり時の情勢が変化して、語音だけは記憶しても内容は忘却せられたのである》。

私は先に、柳田が少年期に、利根川の白帆に驚き、イナサの名に強く心をひかれたというエピソードを記した。《イナサに近い発音の言葉を見ると、いつでもパーッと利根川の白帆を思ひ出し、それからまた似たものがどこかにないかと探し出したりする習慣は、明治二十年九月、布川に移り住んだあの時に身につけたものであり、それがずつと今日までつゞいてゐる》。

この「習慣」で注意すべきことは、柳田が、意味から切りはなされた音声にもっぱら関心を寄せていることである。彼は、東南風を意味するイナサという語から、その音声だけをとり出し、それを他の類似物と比較しながら、イナが海を意味するということを推定していくのだが、ここに柳田の方法が典型的に示されている。そして、これは、彼のいうことが正しければ、誰から学んだのでもない、彼自身の発明なのである。

土地の者はイナサを東南から吹く風だと考えている。一方、沖縄にはヨナミネとかヨナウタなど、ヨナという言葉がたくさんある。そこから、ヨナもイナも海《ウナ》を意味するのではないか、と柳田は考える。ヨナとかイナとかいった類似の音声から、彼はそのもっとも原型的な音声と意味を推定する。彼の推理の筋道は、概ね右のようなものだ。

右の例は、柳田が言葉を、その意味もしくは意味を抱く主体から切りはなして、その音声つまり対象物《オブジェ》としての側面だけをとりだしたことを示している。ソシュールが明らかにしたように、音声と意味にはなんら必然的な結合関係はない。だから、同じ音声がまったくべつの意味に転じることになんの不思議もない。しかし、少年期の柳田が、音声と意味を切りはなして考えたのは、たぶん彼が各地を漂泊し各地の言葉を比較する少年期をおくったことと関連するだろうが、非凡な認識だったといわねばならない。音声と意味を切りはなすことは、簡単なようで、けっしてそうでない証拠には、西欧の言語学も、ソシュールがあらわれるまでは、プラトニックな音義説に支配されていたからである。

音声と意味を切りはなすことは、一つには、言葉をその話し手や聞き手といった主体から切りはなすことである。彼らが考えている意味とはちがった「意味」がある、あるいは彼らに不可解なものにも「意味」があるというためには、この切断は不可欠である。

柳田には音声が大切であった。いいかえれば、音声というオブジェが唯一確実な出発点なのであり、意味は移ろいやすいが音声は容易には変わらないということ、あるいはもはや音声という史料以外には「意味」をたどるすべはないということ、それが柳田のもっていた認識である。

さらに、ここには日本語がヨーロッパのような表音文字とはちがって、漢字によって表記されるという事情がともなっている。ある音声が漢字によって表記されるだけで、ただちにべつの意味が加わるからである。

日本の地名を研究する者の、第一に注意せねばならぬのは、古来の用字法の誤謬である。地名の始めて出来た時と、文字を以て之を表示する必要の生じた時との間には、通例は至つて永い歳月がある。其経過に際して記憶の誤り、殊に発音の転訛はあり得る上に、是を証文や絵図に書載せる人は、必ずしも用意ある学者で無い故に、無理な宛字が幾らもある。況んや其頃となるともう大部分の地名が、実は意味不可解になつて居たのである。村に由つては煩はしきを忍んで全部片仮名を以て現はした処もある。是とても精確に伝承を保存したとは云われぬが、沢山の数を合はせて考へると音の訛りや癖だけは窺はれる。之に反して強ひて物々しく漢字を宛てると、其為に後の人が異なる読み方解き方をして、一層命名の本意を辿り難くする例は、既に奈良朝の大昔の、国郡郷里二字の佳名があり、近くは又北海道樺太等の村名駅名が好い証拠である。

（中略）

雑誌「地球」に発表せられた中村新太郎君の地名研究を見ると、朝鮮の方にも同じ事情があつたらしいが、漢文学の日本征服は、残念ながら殆と完全であつた。地名に限らず何か物の名を言ふと、どんな字を書きますかと聞く人が、今でもざらにある。どんな字は大抵此通り、皆矢鱈な字だつたのである。我々は寧ろ地名を見て、必ず何と訓みますかを訊ねなければならぬ。さうすれば誤りにもせよ之を用ゐた人の境遇が解り、従つて稍〻前代生活の一面が尋ねられる。それが日本に限られたる地名研究の興味の一つである。

柳田のいうところでは、地名の意味、あるいはその起源に関する説話は、漢字をあてはめた結果からくるものが多い。したがって、それはもともともっていた「意味」とはまったく別個のものとなっている。もとの意味を照明するためには、ひとまず現在の地名がふくむ意味を切りすてて、それをたんなる音声としてあつかわねばならない。柳田がやったのは、その音声を類似した音声と比較し、そこからその原型である音声とその意味を確定するということである。むろん、このことは、地名にかぎらず、われわれの思想全般についていえる。音声と意味を切りはなすことが不可欠なのは、そうしないかぎり、もともとの日本人の思考を見出しえないからである。宣長がやったのもそういう仕事だが、柳田のばあいはさらに徹底している。

柳田は話し言葉だけをみようとした。それは、書かれた言葉が一回的なものであり、またすべてを記録していないというからだけではない。彼が話し言葉を重視したのは、いわば音声というオブジェを重視したということである。音声の背後にある意味もしくは、話し手や聴き手の意味作用を、柳田は切りすてる。

彼にとって、現在の郷土人がどう考えているかは重要ではない。むしろ彼らが忘れてしまっていることが重要なのだ。彼の考察においては、言葉は、それを話す主体から切りはなされなければならない。柳田から「主体」が消えてしまうのはそのためであって、彼はいわば「物」の動きのみをみた。いいかえれば、「物」としてあらわれる人間の存在形態だけをみようとしたのである。

柳田にとって、現実の郷土人はさしあたって問題ではない。彼らの言葉が問題なのであり、その音声が問題なのだ。彼らは、あれこれの意見や願望や宗教その他をもった個々の人間ではなく、〝常民〟としてしかあらわれることができない。そして、現実の郷土人そのものは〝常民〟ではない。〝常民〟は主体でもなければ、実在するものでもない。それは、インテンショナルなもの一切を捨象したときにみえてくる、受動的で必然的な人間の存在形態の謂にほかならない。

Ⅵ　文学と民俗学（その一）

一

二十五歳を過ぎても詩人たらんとする者は、伝統を意識しなければならない、あるいは歴史的意識をもたねばならない、という意味のことを、T・S・エリオットはいっている。二十五歳という基準はもちろん厳密なものではないが、エリオットがたんに年齢のことをいっているのでないことは明らかだ。

詩を書くことは、ある程度自然発生的に可能なことである。しかしある年齢になり、それに応じた社会的諸関係を背負いこむようになると、自己と世界の関係において純粋に存在していた表出衝動は、それにおしつぶされて自然にやむか、もしくは、表現自体にそのような関係から生じる軋みや屈折を投入していくことによってしか持続しえない。つまり、詩人はそれ以後に書きつづけようとするとき、はじめて自覚的に詩人であり、方法的に詩人であるほかなくなる。エリオットは、たぶんこういう事情を彼なりの文脈で語っているといえる。

周知のように、柳田をふくんだ後期「文学界」同人はこぞって詩を放棄した。柳田は詩作をやめて農政学に専念したが、これは他の同人のなかに存在した、停滞・暗中模索・小説への転向という過程と実は対応している。

田山花袋は、明治四十一年『妻』という作品（その前年に『蒲団』を書いてセンセーションをまきおこしている）に、柳田をモデルとする大学生を登場させている。

「何も君、詩を作るばかりが人間の務めではないさ。詩だとか小説だとか言ふことは何でも無い。実際の人々はそんなことを眼中に置いて居はしない。文学の存在など知つてゐるものは普通の民の万分の一、それよりも少い。だから僕は中村君などと、いつも此の議論をするけれど……詩人とか小説家とかしてよりも、先ず「人間」といふことを眼中に置いて貰ひ度い。つまり我々は「人間」になり度い、真の人間になり度い。今までの空想を脱するといふのは、その意味で言ふのだ。だから、僕に言はせると、中村君なども一人で四畳半で文を書いて居るよりも、如何に実際の事務はつまらなくても、無意味でも、かうして家も持ち、細君も持ち、社に勤めて居る方が好い。

そのことが一つの事業だと僕は思ふ（中略）つまり空想に耽つて、実際を軽く見てるのが悪いんだ。我々はまだ夢を見てる。それはいつまでも夢を見て居たい。夢を見て居る方が美しいからねえ……けれど僕にはもうそれは出来ない……」

（中略）

「……僕はもう詩などには満足して居られない。これから実際社会に入るんだ。戦ふだけは戦ふのだ。現に、僕はもう態度を改めた！」

（中略）

「……僕の詩はディレッタンチズムだった。もう僕は覚めた。恋歌を作つたツて何になる！　その暇があるなら農政学を一頁でも読む方が好い。」

むろんこれは、花袋の創作である。つまり、花袋は自己批評として「大学生」を登場させたのであり、右のような声は花袋自身のなかにもあったのだと考えるべきである。実際の柳田の姿が、この作品に書かれたようなものと微妙に異なることはいうまでもない。

われわれは空想に耽り、夢を見ていたにすぎないという覚醒は、文学であれなんであれ、一つの観念に憑かれた青年期の終わりに、だれにでも訪れるものだ。しかし、「文学界」の詩人たちに関していえば、彼らはたんに文学青年として空想に耽っていたのではない。たとえそうだとしても、彼らが自分自身に見出しはじめた不満は、詩作という行為の内側からやってきたのだといわねばならない。

　それは、彼らの詩が、すでに彼らがおかれている現実あるいは諸関係から分泌されてくるものを、容れることができないという自覚にほかならなかった。彼らは、彼らの抒情詩が仮構の恋歌であることを当然ながら知っていたが、しかしそのときはまだ、そのような仮構が彼らの存在のあり方に匹敵するリアリティをもっていたのである。空想が破れたのは、空想に耽って現実を見誤っていたからではなく、彼らの表現形式をもっては、現実も自己もとらえられぬという認識によってである。

　おそらく彼らが詩を書きつづけてそれをこえようとすれば、日本の近代詩は比類のないものになったかもしれない。だが、彼らは小説――すなわち〝他者〟を容れることのできる形式に移行した。それは、田山花袋のことばを借りていえば、「実際の人々」あるいはそのようなものとしての〝私〟をとらえることにほかならない。

　しかし、柳田の拒絶はいっそう徹底している。それは彼が文学そのものを拒絶したということを意味するのではない。むしろ、柳田における文学の拒絶のするどさは、彼が事物そのもの、あるいは「実際の人々」そのものに即《つ》こうとした姿勢のあらわれ以外のものではない。

彼は文学を否定したのではない。ひとびとが文学に寄せる甘ったれた自己幻影を捨てたのだ。文学的な事実ではなく、事実そのものへ……という柳田の決意には、後年彼があたかも若気のいたりとでもいうかのように回想しているものとはちがった、明確な自己認識がある。そして、彼が自然主義作家を結局嫌悪していたのは、彼らが〝私〟を暴露するやり方にひんしゅくしていたからではない。柳田は、むしろそのような意味での〝私〟を捨てていた。

もっとも捨てがたい〝私〟を捨てるほどの強烈な自意識の劇は、彼の仲間にはほとんど想像がつかなかった。たとえば、彼が養子になり結婚してしまったという事実は、彼らにはただ不審としかみえなかった。

かのたそがれの国にこそ
こひしき皆はいますなれ
うしと此世を見るならば
我をいざなへゆふづゝよ

やつれはてたる孤児を

あはれむ母がことの葉を
しづけき空より通ひ来て
われにつたへよ夕かぜよ

（「文學界」明治三十年二月）

こういう詩は、柳田の内的な希求のありかを示している。「かのたそがれの国」は、のちに柳田が晩年『海上の道』において、珍しく実証的な手続きをとびこえて明らかにしようとしたものだといってもよい。柳田の希求は、彼が否定していた論証ぬきの直観的方法をあえてとるほどに強かったのだともいえる。

この詩が書かれたのは、彼が両親を亡くしたときである。さらに、ここには少年期から親との縁が薄く各地を漂泊してすごした柳田の寂寥感がある。このような詩を、「空想」ということができるだろうか。『遠野物語』や『山の人生』の根本的なモチーフは、「かのたそがれの国」と交通したいという柳田の希求にほかならないのである。

しかし、いうまでもなく、彼が『遠野物語』を書くためには、右の詩を書いたときとは内的にまったくべつの場所に立っていなければならなかったのである。いいかえれば、彼は〝私〟を捨てていなければならなかったのだ。右の詩自体はとるにたらない。が、『遠野物語』においては、柳田はもはやロマンティストではなかった。彼は〝村人〟のなかに自己の夢を投影しようとしたのではない。村人という他者、あるいは事実を史実に記録することが、柳田の〝私〟にほかならなかったのである。

二

柳田について語るには、「文学界」同人すなわちのちの自然主義派の作家よりも、文学史的には彼らと対立的なところにいたと考えられている夏目漱石を例にとるほうが、むしろふさわしいといえる。私は、たぶん互いに疎遠な地点にいた両者に、微妙に共鳴しあうものを感じざるをえないのである。

漱石は、彼の創作上の転換を端的に示す次のような手紙を書いている。

只一つ君に教訓したき事がある。是は僕から教へてもらつて決して損のない事である。

僕は小供のうちから青年になる迄世の中は結構なものと思つてゐた。旨いものが食へると思つてゐた。綺麗な着物がきられると思つてゐた。詩的に生活が出来てうつくしい細君がもてゝ。うつくしい家庭が〔出〕来ると思つてゐた。

もし出来なければどうかして得たいと思つてゐた。換言すれば是等の反対を出来る丈避け様としてゐた。然る所世の中に居るうちはどこをどう避けてもそんな所はない。世の中は自己の想像とは全く正反対の現象でうづまつてゐる。

そこで吾人の世に立つ所はキタナイ者でも、不愉快なものでも、イヤなものでも一切避けぬ否進んで其内へ飛び込まなければ何にも出来ぬといふ事である。

只きれいにうつくしく暮らす即ち詩人的にくらすといふ事は生活の意義の何分一か知らぬが矢張り極めて僅小な部分かと思ふ。で草枕の様な主人公ではいけない。あれもいゝが矢張り今の世界に生存して自分のよい所を通さうとするにはどうしてもイプセン流に出なくてはいけない。

此点からいふと単に美的な文字は昔の学者が冷評した如く閑文字に帰着する。俳句趣味は此閑文字の中に逍遥して喜んで居る。然し大なる世の中はかゝる小天地に寝ころんで居る様では到底動かせない。然も大に動かさゞるべからざる敵が前後左右にある。苟も文学を以て生命とするものならば単に美といふ丈では満足が出来ない。丁度維新の当士《（ママ）》勤王家が困苦をなめた様な了見にならなくては駄目だらうと思ふ。間違つたら神経衰弱でも気違でも入牢でも何でもする了見でなくては文学者になれまいと思ふ。文学者はノンキに、超然と、ウツクシがつて世間と相遠かる様な小天地ばかりに居ればそれぎりだが大きな世界に出れば只愉快を得る為めだ抔とは云ふて居られぬ進んで苦痛を求める為めでなくてはなるまいと思ふ。

（明治三十九年十月二十六日、鈴木三重吉宛書簡）

この手紙が藤村の『破戒』を読んで書かれたことは明白である。手紙の末尾に、「破戒にとるべき所はないが只此点に於テ他をぬく事数等であると思ふ。然し破戒ハ未ダシ。三重吉先生破戒以上の作ヲドン／＼出シ玉へ」とある。漱石は『破戒』を認めていたわけではないが、ある衝撃を受けたことは確実である。しかし、彼が衝撃を受けたのは、彼自身がべつの方向に出ようとする時期にあったからだ。

漱石が帝大を辞め、朝日新聞に入社、職業的作家となったのは、これからまもないころである。彼は、『吾輩は猫である』を書き、それが好評だったために、次第に創作に深入りするようになったのだが、この時期の作品は、彼の内的な声の自然な流露であったといえる。その奔放な形式、さまざまなスタイルが文壇を驚かしたのは当然だが、それは基本的に彼の内的な欲求に見合うものであった。つまり、彼はそれらをほとんど「作家」としての特殊な意識なく書いたのであって、われわれは、彼のいう「俳諧的文学」なるものに、後期の本格的小説よりもむしろ、漱石の内的な声を見出すことができる。

漱石は書きつづけ、それに没入していくうちに、ある状態に到達したにちがいない。それは、もはや内的な欲求の表現だけではやっていけない、あるいはそれではもの足りないと感じはじめたということである。漱石のスタートはおそい。しかし、彼はこのときいわばエリオットのいう「二十五歳」を迎えたのであって、以後彼は本格的な小説を書くために新人と同じような苦労をしている。『虞美人草』がその最初の作品だが、メレディスを下敷にし『文選』を読んで得た文体で飾った、このぎこちない小説は、漱石がエリオットのいう「伝統」の上でしかもはや書きえないということを自覚していたことを示している。

つまり、漱石は、藤村や花袋の「自然主義」に影響を受けたのではない。むしろ、彼は、藤村が詩をやめ長い沈黙ののちに『破戒』を発表した時期に、彼自身もまた内的に同じ衝迫を感じていたというべきであろう。

漱石の手紙は、先に引用した花袋の作品のなかの「大学生」の口調に類似したところがある。《……僕はもう詩などには満足して居られない。これから実際社会に入るんだ。戦ふだけは戦ふのだ》。しかし、さらに類似しているのは、彼らの「詩」の内実である。

漱石の初期作品、とくに『漾虚集』は、一種の抒情詩である。それは、すでにいったように、彼の後期の小説よりはるかに明瞭に彼の暗部、彼の希求を定着しえている。それらの作品に共通しているのは、死者（恋人）と交通しあう夢、あるいは心的異常の経験だが、これは先にいった「かのたそがれの国」への思慕にほかならない。

これらの作品は、漱石がいうほど「閑文字」ではなく、彼の内的必然に根ざしたものであった。しかし、彼がそう宣言したのは、抒情詩ではもはや表現しえない世界を、彼自身が見出していたからである。つまり、それらの作品は、彼が生きている現実の重量に匹敵しえない。漱石の作品が急激に倫理的な色彩を帯び、どうすることもできない人間の姿をリアルにとらえはじめたのは、このあとだが、彼はそれを「維新の勤王家」のごとくといったのである。

柳田は、兄との関係で早くから鷗外と知り合い、官僚となってからはとくに鷗外の生き方を範としていたが、その資質においては、ずっと漱石のほうに似ている。柳田が少年期から抱いていた寂寥感は、漱石のいう「淋しさ」「心細さ」と通じ合うものがある。

それを指摘しておきたかったのは、彼らの「自然主義」への共感と反発が同じ性格のものだということをいいたいからだ。漱石が、自分の初期の作品を嫌悪して、書きはじめた本格的小説が、やがて『道草』や『明暗』にいたって初期世界を再現しはじめたことは、柳田が農政学から民俗学への移行において、再び初期の詩的世界にあったモチーフを実現しはじめたことに対応している。

しかし、漱石によって再現された初期の「夢」が、より現実的な人間とその関係の考察の上に立っていたように、柳田の『遠野物語』や『山の人生』は、農政学者・官僚として熟知した農村の現実の上にしか存在しないのである。

三

自然主義について、柳田は次のようにいっている。

自然主義といふ言葉を言ひ出したのは、田山であつたらう。しかも英語のナチュラリズムといふ言葉をそのまま直訳したのだが、はじめは深い意味はなかつたと思ふ。田山は何か私らの分らない哲学的なことを言ひ出したりしたが、それはもう後になつてからの話であつた。それよりはもつと平たい、平民的な歴史を言へば、やはり通例人の日常生活の中にもまだ文学の材料として残るべきものがあるといふことを認めて、それを扱つてみようとしたといへると思ふ。

(『故郷七十年』)

自然主義についての解釈は数多くあるが、私はほとんどそれは無意味だと思う。ここで柳田のいっていることが、もっとも簡明で要領を得ているといってよい。つまり、柳田は、文学的流派や理念としてのそれでなく、この時期の文学者を共通に浸した一つの傾向性をいっているのであり、柳田自身もそのなかにはいるのである。

「自然だらうが、不自然だらうが只主義を標榜する丈で主義相応の作物を出して見せなくつちあ仕様がないぢやありませんか。囲炉裏のはたで一生懸命に水錬の芸術を説いてゐる様なものだ」と、漱石はからかっている。それは、彼が実際にある点で、「自然主義者」と共通した志向をもっていたことと背理しない。自然主義とよぼうが何とよぼうが、漱石には、新たな現実と、そこにおかれている自分をみる眼が不可避的に要請してくるものだけが大切であった。

そして、「通例人の日常生活」が素材になったのは、現代を対象とする作家だけではなかった。史伝において、ディテールの積重ねによって、ふつうのありふれた人間たちの生きた姿を浮かびあがらせた鷗外についても、それはあてはまる。

それを一言でいえば、これまで文学の素材にならなかった存在、あるいは歴史において埋もれていた存在が、彼らの眼にはっきり見えてきたということである。おそらくそれは、日露戦争後の現実、すなわち危機が去って英雄を必要としない社会、あるいは急速に従来の社会階層を崩壊させている現実にもとづいている。しかし、重要なのは、そういう現実ではなく、彼らが各々自分自身のなかにそれを見出したということである。

たとえば、柳田はこういっている。

その後にいはゆる「私小説」のやうな何にも何処にも書き伝ふべきものがなくても、毎日々々ぼんやりして考へてゐることを書きさへすれば、小説になるといふやうな傾向を生じたが、あれはどうもいけない。「蒲団」なんかがその手本になり、こんなことまでも小説になるといふ実例になつたと私はみてゐる。それで私はよく田山君の顔をみると「君が悪いんだよ」などゝ無遠慮にいつたものである。（『故郷七十年』）

しかし、この意見には註釈を要する。というのは、田山が見出した〝私〟は、それまでの作品とはまったくちがったものだからである。それはなんら特別なものではない。逆に、それはあまりにも輝きのない、ありふれた〝私〟である。そして、「何にも何処にも書き伝ふべきものがな」い人間――すなわちなんら劇的でもなく、才子佳人でもなく、平凡きわまる一存在――において、それにもかかわらず、そのような〝私〟が問題たりうるということの発見が、やがて私小説として、どんなに非難されようが、日本の近代文学の基底に定着しはじめたのである。

「私小説」は、その本来的な意味においては、われわれが避けることのできないリアリティ――何でもない、ありふれた〝私〟という現実に根ざしている。知識人の苦悩や特殊な自意識ではなく、何でもないありふれた〝私〟の発見、それは「私小説批判」によってこえられるようなものではない。むしろ批判さるべきは、私小説作家が芸術家としての自己しか書かなかったことである。つまり、それは「実際の人々」の地面に降りたことがないということだ。柳田の嫌悪は、そこからみたときにのみ意味をもつのである。

さらに、「自然主義」の内実がはらんでいる要素として重要なのは、彼らが、自らの出身階層からみて異質な存在、まったくべつの空気を吸いべつの感性と経験をもって生きている他者の発見である。漱石は、長塚節の『土』をほめて、自分の子供たちにもこういう現実があることを知らせるために読ませたいと書いている。

しかし、漱石は、たんに農民の苦労を知るべきだとか、農村社会の諸問題を知るべきだといっているのではない。彼は、まだ表現されたことのない領域にはじめて光があてられたことを評価しているのである。小説を読んだところで現実の農民がわかるものではない。むろん漱石にはそんなことはわかっている。だが、それが〝表現された〟ということが何ごとかなのだ。

長塚節の作品は、いうまでもなく大地主階級出身の知識人からみたものだが、漱石が認めているのは、それが長塚の経験であり、その意味において疑いなく、固有の現実を明らかにしているということである。漱石は、長塚のように書けないことを知っていたが、それは長塚が漱石のように書けないということと同義である。ひとはそれぞれ自分の固有の経験を照明することによってしか普遍的たりえない。

実は昨日あなた〔の〕白樺に出た小説を読みました。半分以後は呼息がつまるやうな心持がします。まことに悲しいものです。さうして美しいものです。私は個々の人が個々の人に与へられた運命なり生活なりを其儘にかいたものが作品と思ひます。何となればそれに接した時自分に与へられないものを見出して啓発を受けるからでありま す。あなたの書いたものも私にとつてその一つであります。

(大正三年一月七日、小泉鐵宛書簡)

これも『土』に寄せた序文と同じ趣旨の文章である。「自分に与へられないものを見出」す、それはいいかえれば、漱石が自分と異質な他者——異質な生活経験と内的世界をもった他者——をはっきりと自覚していたということを意味する。そして、それが言葉によって明確に表現されるかぎりにおいて、漱石はそれを自分のものとして共有しうる。

しかし、けっして表現されない経験がある。長塚節が伝える貧農の声は、貧農自身の声ではない。そして、貧農自身の経験は、あるがままのかたちではけっして表現されない、ただ貧農出身の知識人の声としてしか。

おそらく農政学者・官僚時代の柳田は、自分が上つらだけを撫でているにすぎないことを切実に感じていた。柳田の経験をどこまで拡大していってもついにとどきそうもない一つの層があり、彼が漠然とそれを了解したのは、農政学者・官僚としての調査を通してではない。注目に値するのは、柳田がそれを感受したのが、犯罪記録を通してだということである。

私が法制局の参事官になつたのは、明治三十五年の二月で、大正三年までゐたのだから、私のいちばん若い盛りの時をそこで過したわけである。仕事としてはどれもみな威張つたり、得意になつたりするのに足るやうなものばかりであつたが、たつた一つだけ、皆の嫌ふ仕事があつた。それは特赦に関する事務を扱ふことであつた。

大赦の方は一律に何々の罪の者は赦すといふお触れが一つ出れば、それでいゝのだからことは簡単であるが、これに反して特赦の方は個々の犯罪自身をよく調べて、再犯のおそれがないとか、情状酌量をするとか、一つ一つ定まつた標準に照らしてみなければならない。だから関係資料を年百年中読んでゐなければならないし、時によると新規に出来た政府の方針で、少し特殊にしてみようなどゝいふ気持に副つてことを処理しなければならぬことがある。それでいつも新参の参事官に押しつける習慣になってゐた。ところが私だけはそれを面白がつて、いつまでもその仕事をやつてゐて他人にまはさうとしなかつた。

文字を早く読むことに馴れてゐたので、私としてはそんなにこの仕事を重荷に思はなかつたせゐもあるが、それよりも私は内容そのものに興味をもつたのである。事件の内容そのものに心をひかれて、もとの予審調書からみていつた。一つの事件が、六寸とか八寸とか、たまには一尺近い厚さにとぢてあつたものもある。それをみてゆくのであるから、興味のない者には嫌な仕事であつたが、私は好きなために熱心に眼を通した。そして面白い話を知ると、どうしても他人に話したくて仕方がなくなるものである。

私に「山の人生」といふ本がある。何故書かれたか、主旨がどうも分らないといつた人があるが、無理もない話で、じつは法制局で知つた珍らしい話を喋りたくてたまらないものだから、そんな本を書きはじめたわけであつた。新聞社に入つた当座に「朝日グラフ」に連載し、後に本にまとめたものである。

「山に埋もれたる人生ある事」といふ題で、私のいちばん印象の深かつた人殺しの刑事事件を二つ続けて書いたのであるが、本の終りには「山男」といふものゝ研究は人類学上必要だといふことを書いたので、二つの別々の要素が「山の人生」といふ一つの本にまとめられてゐるため、読む人に不思議な感を与へたのである。(『故郷七十年』)

柳田が数年間犯罪調書を丹念に読んですごしたということは、実は彼にとって重要な意味をもっている。彼がそれに「興味」をもち、「心をひかれた」のはなぜだろうか。それは、犯罪というかたちで表現されたもの、というより犯罪としてしか表現されないものを、そこに見出したからだといってよいだろう。

飢饉の現実、そしてそれをむしろ人為的なもの＝制度の問題とみなす視点を、柳田はもっていた。しかし、柳田がここで心をひかれたのは、たんに自然条件、政治的条件からくる悲惨さではない。『山の人生』のなかでは、柳田はそれを「偉大なる人間苦」とさえよんでいる。

いいかえれば、柳田はそこに〝悲惨〟と〝偉大さ〟を同時に見出している。そう思って読むなら、『山の人生』が明らかにしようとしているものが、たんに「人類学上の必要」ではなく、悲惨な現実の報告でもなく、それよりももっと低い所からくる声、犯罪というかたちでのみ表白されている、一つの「人間の条件」(『パンセ』)というべきものであることが明らかになるだろう。

どんな実地調査、綿密な報告によってもうかがえないものが、犯罪の記録にある。農民自身に語らせれば、それはきまりきった言葉の組合せでしかない。しかし、柳田が感動したいくつかの犯罪記録のなかには、ただ彼らの行為をとおしてしか表出されなかった〝私〟がある。柳田はそこまで降りていかねば、実際の「人間」を理解しえないことを知っていた。

われわれは、それが彼の民俗学における姿勢にほかならないといってもよい。柳田は、このときすでに農政学者・官僚として、農村の現実をみようとしていたのではない。彼が「心をひかれた」のは、犯罪をとおしてあらわれた「人間」の姿だ。詩人としてでもなく、農政学者としてでもなく、あるいは民俗学者としてでもなく、柳田はそれに向きあっている。

田山の描いた「大学生」は次のようにいっていた。《……詩人とか小説家とかしてよりも、先ず「人間」といふことを眼中に置いて貰ひ度い。つまり我々は「人間」になり度い、真の人間になり度い。今までの空想を脱するといふのは、その意味で言ふのだ》。

柳田は、〝私〟を書かなかったのではない。〝私〟というものをみる眼が、田山や藤村とはちがっていただけだ。そして、彼らを分かっているのは、ひとがよくいう柳田の告白嫌いとかいうような事柄ではなく、彼らの「人間」をみる深浅のちがいである。それはまた、漱石と自然主義作家とのちがいでもある。

Ⅶ 文学と民俗学（その二）

一

「もう僕は覚めた。恋歌を作つたツて何になる！　その暇があるなら農政学を一頁でも読む方が好い」と、柳田をモデルとする大学生は叫ぶ。それは、ある意味で、「意識に関するおしゃべりがやみ、現実的な知識がとってかわらねばならない」といった『ドイツ・イデオロギー』時代のマルクスに似ている。マルクスはその書で、ドイツの哲学者たちはありもしない観念の体系のなかで〝ドタバタ騒ぎ〟を演じているにすぎないといったのだが、見おとしてならぬことは、そこに青年ヘーゲル派の幻影から「覚めた」ばかりのマルクス自身の自己嫌悪が隠されているということである。それは、詩人マルクスにおける「歌の別れ」だといってもよい。

「意識とは意識された存在以外のなにものでもない。ここでいう存在とは、現実的な生活過程のことだ」とマルクスはいう。おそらく柳田がその当時感じていたのもそういうことであって、彼が農政学――すなわち経済学――に向かった点においても共通している。彼の農政学がどんな意義をもつかについては、のちに述べるけれども、重要なのは、柳田が詩を放棄して農政学に向かったということではなく、その転回そのものがふくんでいる一つの認識である。それは、「意識」にとっては隠れている「存在」そのものをみようとする意志にほかならない。

『故郷七十年』のなかで、柳田は、兄夫婦が小さい家に親と同居せねばならなかったために離婚に追いつめられた「悲劇」を回想している。注目に値するのは、それに関する柳田の考察である。

兄の不幸を思ふとき、私は日本の家が悪いこと、家が小さくなつたこと、それに前後の影響も考慮せずに制度を改めたこと、そして漢学者が中国の忠孝の孝の字を、文字通りに使つてしまつたといふことなどが、間違ひのもとだと考へてゐる。兄の不幸は、日本の家の組織が無意識に存在し、どう変へるべきかといふことがなほざりにされてゐたからだと思ふのである。

私の家の小ささは日本一だといつたが、（中略）このやうな小さな家に二夫婦が住むこと自体、たとひ母がいかにしつかり者といふ人でないにしろ、初めから無理だつたのである。

子供心にこの一家の不幸をぼんやりと推測してゐたのだが、たま〳〵茨城県布川《ふかは》の長兄の許にゐたころになり、兄嫁の母が語ることから、こゝでも兄嫁の弟夫婦の同じやうな悲劇が、家の形から来てゐることを改めて確認したことである。

私は、かうした兄の悲劇を思ふとき「私の家は日本一小さい家だ」といふことをしば〳〵人に説いてみようとするが、じつは、この家の小ささ、といふ運命から私の民俗学への志も源を発したといつてもよいのである。

注目すべきことは、第一に、柳田がこの不幸を「家の形」に見出していることだ。彼らのあいだには深刻ないさかいがあったにちがいない。したがって、たぶん彼らにはいずれかを非とする感情があったはずだが、柳田はそういう次元でものを考えていない。だれを責めてもしかたのない問題がそこにある。つまり、彼らの心理的葛藤は、おそらく彼ら自身が意識しなかったであろう存在構造からくるのであり、柳田は、人間の「意識」よりもその「存在」、すなわち実際の家屋構造をみるのである。

小さな家に二組の夫婦が住むことはもともと無理である。それを解決すべき智慧は昔からないし、今もない。そこに生じる不和・対立は彼らの責任ではない。柳田が否定するのは、「家が小さくなってきた」という現実から生じてきたこのような問題を、「孝」の観念によって解決しようとするイデオローグである。そして、たんにそれを否定するだけでなく、彼はそのようなイデオロギーの普及を、「家が小さくなってきた」現実の歴史過程から説明するのである。

「孝」というような観念は、明治期にいたるまで農民とは無縁であった。孝心がなかったわけではない。それを「孝」という観念で説明しなければならぬ必要がなかったのである。一口に「封建性」というが、それはたんに武士階級という、つねに理念によってしか自らを根拠づけることができない者にとって存在したにすぎない。大多数の農民は、そのような観念で自己を律する必要はなく、むしろそれは明治時代にいたって一般化するにいたったのである。明治以後を「開化」というのは、この点においてあたっていない。逆に、明治以後の教育の普及によって、農民はかつては武士と上層農民にのみ存した封建的な教義を所有しはじめたのだからである。

しかし、柳田がそれをたんにあやまてるイデオロギーとみなさなかったことに注意すべきである。それは、実際に「家が小さくなつてきた」変化に対応するものであって、彼はそのような現実的条件を考慮することなくなされる議論、すなわち「家からの解放」といったもう一つのイデオロギーもまた空疎なものにすぎないことをみていた。だれも、「家の形」の変化、あるいは変化させた〝原因〟をみていないのである。

柳田がみいだす「歴史」とは、そういう「事実」を明らかにすることにほかならない。《学問の目的は結局は一つ、人を今よりも賢こくするといふことに帰するでせうが、民俗学に於て望まれることは、前に列挙したやうな事実を精確にすることによつて、之を手段として日本人の経歴、即ちどういふ生き方をして世を渡つて来たか。今日目前に見るが如き社会状態には、如何なる順序を踏んで到達したか。真直ぐに進んで来たか、はた又迂余曲折して、しまひには斯うならずには居られなかつたのか。少なくとも原因の内に在るものだけは、手掌の上に取つて見られる様にしたいといふのが、我々の志であります》(『女性生活史』)。

「意識にかんするおしゃべり」でなく「存在」、すなわち「現実の生活過程」をみようとする柳田の姿勢は、たとえば農政学者時代には、横井時敬らの農本主義的発想を批判するところにあらわれている。農業が国の根本だというのは虚偽であるばかりでなく、逆にそのような農本主義のイデオロギーは、農業が商工業社会のなかで解体しつつあり、農民が階級的な分裂を蒙りつつある「事実」を直視するかわりに、観念的にそれを回復しようとすることからくる。農本主義が窮極的に農民全体という名の下に地主の利益擁護にしかならないとき、柳田はそういうイデオロギー的粉飾をはぎとって、実際の生産者（小作農）の利益を擁護するにいたる。そこにも、われわれは、柳田の一貫した姿勢を見出すことができる。

二

「この家の小ささ、といふ運命から、私の民俗学への志も源を発したといつてもよいのである」と、柳田はいう。これはむろん八十をすぎた彼の回想であって、べつに「家の小ささ」が原因だというわけではない。重要なのは、むしろ一つには彼が自分の生涯の意味を学問的対象と結びつけたということであり、さらに、一見きわめて卑小にみえる問題の奥に隠れたなにか普遍的な核心を探りあてようとしたことである。

柳田は、「子供心にこの一家の不幸をぼんやりと推測してゐた」というのだが、その通りだとすれば、それは彼が少年期からもっていた資質というべきかもしれない。

たとえば、前に言及したように、犯罪記録を読みふけっていた当時の柳田は、そこからなにを感じとっていただろうか。

今では記憶して居る者が、私の外には一人もあるまい。三十年あまり前、世間のひどく不景気であつた年に、西美濃の山の中で炭を焼く五十ばかりの男が、子供を二人まで、鉞《まさかり》で斫《き》り殺したことがあつた。

女房はとくに死んで、あとには十三になる男の子が一人あつた。そこへどうした事情であつたか、同じ歳くらゐの小娘を貰つて来て、山の炭焼小屋で一緒に育てゝ居た。其子たちの名前はもう私も忘れてしまつた。何としても炭は売れず、何度里へ降りても、いつも一合の米も手に入らなかつた。最後の日にも空手で戻つてきて、飢ゑきつて居る小さい者の顔を見るのがつらさに、すつと小屋の奥へ入つて昼寝をしてしまつた。

眼がさめて見ると、小屋の口いつぱいに夕日がさして居た。秋の末の事であつたと謂ふ。二人の子供がその日当りの処にしやがんで、頻りに何かして居るので、傍へ行つて見たら一生懸命に仕事に使ふ大きな斧を磨いて居た。阿爺《おとう》、此でわしたちを殺して呉れと謂つたさうである。さうして入口の材木を枕にして、二人ながら仰向けに寝たさうである。それを見るとくら〳〵として、前後の考も無く二人の首を打落してしまつた。それで自分は死ぬことが出来なくて、やがて捕へられて牢に入れられた。

此親爺がもう六十近くなつてから、特赦を受けて世中へ出て来たのである。さうして其からどうなつたか、すぐに又分らなくなつてしまつた。私は仔細あって只一度、此一件書類を読んで見たことがあるが、今は既にあの偉大なる人間苦の記録も、どこかの長持の底で蝕ばみ朽ちつゝあるであらう。

(中略)

我々が空想で描いて見る世界よりも、隠れた現実の方が遙かに物深い。又我々をして考へしめる。是は今自分の説かうとする問題と直接の関係は無いのだが、斯んな機会で無いと思ひ出すことも無く、又何人も耳を貸さうとしまいから、序文の代りに書き残して置くのである。

(『山の人生』)

これはたしかに悲惨な事件にはちがいないが、柳田のうけた感銘はそれとはべつなところにあると思われる。彼は少年期に飢饉を実際に経験しており、それがどんなものであるかは身に沁みて知っていたはずだからである。今さらそれにおどろくことはありえない。柳田はこの男を申請して特赦にしたのであり、たんに文書を読んだだけではなかったが、しかし、彼の関心がたんなる同情や憐憫以上のものであったことは疑いない。

《この二つの犯罪を見ると、まことに可哀想な事実であつた。私は誰かに話したくて、旧友の田山花袋に話したが、そんなことは滅多にない話で、余り奇抜すぎるし、事実が深刻なので、文学とか小説とかに出来ないといつて、聞き流してしまつた。田山の小説に現はれた自然主義といふものは、文学の歴史からみて深い関係のある主張ではあつたが、右の二つの実例のやうな悲惨な内容の話に比べれば、まるで高の知れたものである》（『故郷七十年』）。

このように書くとき、柳田が「悲惨さ」を競い合っていたのでないことはいうまでもない。彼はただ、花袋がけっして感受しないような性質の「悲惨さ」をそこにみていたのである。柳田の眼は「物深いもの」をみようとしているのであって、そういう物深さは、自然主義的な観念によって描かれた事件にはなく、文字通り現実の〝もの〟にしか存在しない。

田山花袋の小説、あるいは日本の文学の主流を占めた自然主義派の文学は、たしかに暗く悲惨である。だが、右の例にはそういう暗さがなく、むしろなにか抽象的な明るさがある。すくなくとも、柳田が感受している「悲惨さ」は、人間関係の軋みからくる心理的な葛藤ではなく、透明で抽象的なものである。

それは先に述べた兄の「不幸」が、おそらくその過程にあったにちがいない家のなかの陰惨な劇をぬいて「家の形」という構造的なものに還元されているように、柳田がものをみるときにとる一つの特性である。彼にそのような惨劇がみえなかったはずがない。逆に、彼にはそれがみえすぎたからこそ、それをあばき立てて何ごとかをなしえたと考える文学者のやり方に我慢できなかったのである。

いいかえれば、柳田はこのときにもまた、「意識」ではなく「存在」を凝視していた。山中でおこったこの事件は、柳田の生家でおこった事件と同じく、「物深い」ものをみようとする柳田の眼差によって『山の人生』という書物にひろがりうる深さをもちえたのであって、そのかぎりでこれらの事件もまた、「民俗学を志した」動機だといってもよい。

三

たとえば、ここに一つの疑問がある。なぜ彼らは山奥にすむのか。なぜすくなくとも食糧のある平地に下りてこないのか。これはたんに経済的な観点からでは説明しえない問題である。「物憑き物狂ひがいつも引寄せられるやうに、山へ山へと入って行く暗示には、千年以前からの潜んだ威圧が、尚働いて居る」(『山の人生』)という省察もそこからくるのだが、柳田がこの事件が山に住む人間におこったことに注目していることは明らかである。つまり、子供を殺した男は、柳田の思考のなかで、山人として、さらに日本人の原型的な存在として、より「物深い」ものになっていくのである。

柳田は『故郷七十年』でも同じことを書いているが、そこでも、「眼がさめてみると、小屋の口いつぱいに夕日がさしてゐた」ことを記している。まるでそれが不可欠な与件であるかのように。たしかに、それは柳田が思い描いた光景のなかでは欠くべからざる要素であったといえる。柳田の感受性において、それはアルジェリア出身の作家カミュの『異邦人』における太陽と同じように、シンボリックな意味、いわくいいがたいニュアンスを帯びていた。おそらくこのような反応は、柳田の幼年期以来の「夕日」あるいは夕暮れに対する感受性に裏づけられている。そして、それは柳田の考えでは、日本人に共通した一般的な感受性なのである。《我邦の民間文芸の好尚が、一種物静かな、幾分かうら淋しい傾向を取らうとして居たのは、或はこの夕方の詠嘆の練習といふことが、原因を為して居なかつたかを恐れる。二三歳の小児が外へ出て見たがり、家の中でも煩はしい雑務が多くて、誰かゞ手があいて居れば抱へて出ようとするのも、一般に日の暮頃が主であつたからである》(「昔の國語教育」)。

この事件を心理学的に解釈してみれば、次のようなことになるかもしれない。子供たちが斧を磨いていたのは、飢えによる心神の衰弱からくる一種の幻覚状態であり、そして父親がふらふらと彼らを殺してしまったのは、昼寝からさめたばかりの半幻覚状態だったからである、と。柳田もたぶんそう考えたといってもよい。しかし、彼が「心をひかれた」

のは、心的異常の問題ではなく、なにか山民に、というより人間に固有の原型的な条件をそこにみていたからだというべきであろう。『山の人生』は、柳田がいっているように、冒頭に記されたこのエピソードと直接の関係はない。しかし、彼があえて一見無関係なこのエピソードを書いたのは、それが深いところでこの書物全体と連関していたからである。

……何の頼む所も無い弱い人間の、たゞ如何にしても以前の群と共に居られぬ者には、死ぬか今一つは山に入るといふ方法しかなかつた。従つて生活の全く単調であつた前代の田舎には、存外に跡の少しも残らぬ遁世が多かつた筈で、後世の我々にこそ是は珍しいが、実は昔の普通の生存の一様式であつたと思ふ。

それだけならよいが、人には尚是といふ理由がなくてふら／＼と山に入つて行く癖のやうなものがあつた。少なくとも今日の学問と推理だけでは説明することの出来ぬ人間の消滅、殊には此世の執着の多さうな若い人たちが、突如として山野に紛れ込んでしまつて、何をしてゐるかも知れなくなることがあつた。自分がこの小さな書物で説いて見たいと思ふのは主として斯うした方面の出来事である。（『山の人生』）

柳田は、これらの失踪者は、生理的あるいは精神病理的に異常な資質をもつ者であるといっている。だが、彼にとって大切だったのは、そのことではなく、このような幻覚におそわれやすい資質の人間が、かつては「霊界と交通する」者と目されていたことである。「若し之を精神病の一つとするならば、患者は決して病人一人では無い」ので、「昔の精神錯乱と今日の発狂との著しい相異は、実は本人に対する周囲の者の態度にある。我々の先祖たちは、寧ろ怜悧にして且つ空想の豊かなる児童が時々変になつて、凡人の知らぬ世界を見て来てくれることを望んだ」のである。

柳田が、ふらふらと子供の首を切りおとした男の記録を読んだとき感じた「悲惨さ」は、物質的なものというより、ある救いのない精神状態であった。彼らはそのことを知っていないが、知っていないからこそ、その心中行為に意味される何ものかが、柳田には「可哀想」でならなかったのである。

柳田がそう感じたのは、彼自身「神隠しに遭ひ易き気質」の持主だったからだ。それについてはのちに述べるが、彼の共感は、この事件の人物の、外界から隔絶して生きる生存の深い寂寥感にむけられていた。それに比べれば、自然主義派の悲惨さは「高の知れたもの」というほかなかったのである。

くりかえしていえば、柳田は事件の表層をみたのではない。つまり、彼は「意識」ではなく「存在」をみようとしたのだが、それはいいかえれば、人間を心理的なレベルでなく、存在論的なレベルでみることだ。ひとを生かしめている根源的な層をみようとしたのであって、彼には心理的なもの、あるいは自意識のレベルでの惨劇は、それより深い部分における「悲惨さ」の結果にすぎないようにみえたのである。当然ながら、柳田のいう意味での「悲惨さ」は、「偉大さ」と裏表にあるので、事件を「偉大な人間苦」とよんだとき、彼はパスカルとはちがったニュアンスにおいてであるが、そこに神の問題、あるいは人間の条件という問題を感受していたということができる。

四

自然主義派に欠けていたのは、こういうメタフィジックである。彼らは人間の心理、あるいは自意識の醜悪さを暴露することで、人間の「真実」をとらえうると考える。そういう平板な認識が、柳田と異質であったばかりでなく、彼を嫌悪させたことはいうまでもない。

柳田は、明治四十年の「イプセン会」で、『野鴨』を論じて次のようにいっている。

柳田氏　何遍も言ふ様だけれども、イプセンは斯様に破壊して置いて奈何《いかに》する積りだらう？　New world はないのであらうか？
岩野（泡鳴）氏　たゞ破壊だ？　空な形式なんか建てない方がいゝと思ふ。
柳田氏　破壊したなら破壊したで、やはり何等かの形式が残らなくちやならんと思ふ。
岩野氏　悟《さとり》といふ事は既に一つの迷ひに入るんだ。どうせ弱い者は破壊される。唯だ力だ。
柳田氏　力さへあれば――ギイナの様な者はなくてもいゝだらうか。
岩野氏　ギイナがあつても何もならぬ、なくても済むと思ふ。
柳田氏　僕は然うは思はぬ。蟻や鳥、馬だの牛だのも皆其れ〳〵生活の権利もあるし価値もある。ギイナの階級を皆なヘドキツヒにして了《しま》つてはならぬ。朝に道を聞いて夕に死しても可なりではならぬと思ふ。然うなると社会といふ、大事実を否定せねばならぬ。
岩野氏　社会はいつでも出来る。
（中略）
柳田氏　馬や鹿は自然に進む。然し人間は破壊された計《ばか》りでならぬ。
（中略）

長谷川（天渓）氏　理想などといつても一種のillusionだ、そのillusionがなくなる頃は人間夢醒めて唯《ただ》死だ。
正宗（白鳥）氏　西洋でもいつか他のillusionが設けられてイプセンなぞも捨てられる時が来る。
柳田氏　然し現在に於いては少くとも其illusionが真面目なものでなければならぬ。

柳田は、「社会はいつでも出来る」という岩野泡鳴に対して異議をとなえている。しかし、ここで岩野が破壊的で、柳田が保守的だと考えるならば、誤解にすぎない。彼には、すでに壊れてしまった社会が映っていたからである。岩野が壊そうとするものが、柳田にとってはすでに壊れており、むしろ岩野の発想は壊れた状態が生んだものだ。

たとえば、自然主義派およびほとんどすべての近代文学は、家からの解放、家の否定を基盤にしている。破壊が倫理性を帯びるのは、それが「近代的自我の確立」を意味したからである。しかし、柳田の考えでは、彼らが否定しようとする家こそ、すでに崩壊した家にほかならなかった。兄夫婦におこった悲劇は、封建的な家のなかに生じた悲劇ではない。それは家自体の変質によって生じたものであって、彼らがかりに家に反抗して独立しようとしたとしても、そのことは「原因」を知ること、つまり本当の解決にいたることにはけっしてならない。

しかし、柳田は、鷗外がそうだったように、すでにillusionにすぎない家を、そうでない〝かのように〟守らねばならぬというのではない。それはむしろ岩野泡鳴と同じ線上に立つ思考であって、柳田が彼らと異なるのは、守るべき家でも破壊すべき家でもなく、いわば実在としての家をみようとしていたことである。

柳田は、かつて桑原武夫にほぼ次のように語ったそうである。

明治初期に生まれた学者は、忠義はともかく、孝行ということだけは疑わなかった。自分なども『孝経』は今でも暗誦できる。東京へ出て勉強していても、故郷に学問成就を待ちわびている父母のことは夢にも忘れることができなかった。人間には誰しも怠け心があり、酒をのみに行きたい、女と遊びたいという気も必ずおこるのだが、そのとき眼頭にうかぶのが自分の学資をつむぎ出そうとする老いたる母の糸車で、それは現実的な、生きた「もの」である。ところが、私たち以後の人々は、儒教を知的には理解していても、もはやそれを心そのものとはしていない。学問は何のためにするのか、××博士などは恐らく、真理のため、世界文化のため、あるいは国家のため、などというだろうが、それらは要するに「もの」ではなくて、宙にういた観念にすぎない。観念では学問的情熱を支えることができにくい。平穏無事な時勢は、それでも間に合うように見えるけれども、一たび嵐が吹きあれると、そんなハイカラな観念など吹きとばされてしまう。

（花田清輝「柳田國男について」）

柳田がいうのは、彼および明治初期生まれの学者を支えていたのは孝行心であること、あれこれの思想や信仰ではないこと、しかしその孝行心は儒教の教義ではなく「自分の学資をつむぎ出そうとする老いたる母の糸車」という、〝現実的な、生きた「もの」〟だったということである。明治期のイデオローグが説く「孝」は、「もの」ではなく、「もの」が消滅したあとの空洞を埋めるべく作り出された「宙にういた観念」にすぎない。

ひとを生かしめるのはそのような観念ではない。そんなものは「一たび嵐が吹きあれると」、吹きとばされてしまう。ひとを生かしめるのは、現実的な生きた「もの」である。それは、けっして明白に表明されないし、表明すればただちにイデオロギーに転化せざるをえないものだが、根底でひとびとを支えている。

柳田が「社会はいつでも出来る」といった岩野泡鳴に反駁するのは、彼の考える「社会」が岩野のそれとはちがって、いわば「もの」だったからであり、それは壊れれば二度と回復しえないのである。もとより柳田は、儒教を復活せよなどといっているのではない。

それはイデオロギーとしてしか復活しえず、たんに「もの」の代理物にすぎない。

この「もの」とは、いいかえれば、ひとびとが個人的に選択する信仰や世界観ではなく、彼らがすでにそのなかに在り且つ彼らの生を基礎的に支えているところの「存在」の謂である。「もの」がなくなるということは、したがって「存在喪失」（ハイデッガー）にほかならない。

柳田はいう。《判りきつた事だが信仰は理論で無い。さうして又過去は斯うだつたといふ物語でも無く、自分には斯うしか考えられぬといふ御披露とも別なものである。眼前我々と共に活きて居る人々が、最も多く且つ最も普通に、死後を如何に想像し又感じつゝあるかといふのが、知つて居らねばならぬ事実であ》る（『先祖の話』）。

ここで柳田のいう「信仰」は、「もの」のことである。それは言表されないし、意識もされないが、確実に人間の「存在」を深い層において支えている何かである。そう考えるとき、柳田が兄夫婦の不幸、山男の悲惨さの内側に見出していたのが、自然主義的あるいは心理的にはけっしてうかがい知ることのできない「存在喪失」の姿であったことは明らかである。

Ⅷ　文学と民俗学（その三）

一

柳田は、自分らの学問を支えていたのは〝孝行〟という心であって、それは「真理のため、世界文化のため、あるいは国学のためなどという」ような「宙にういた観念」ではなく、「自分の学資をつむぎ出そうとする老いたる母の糸車」のような、「現実的な、生きた「もの」」だという。それはむろん、「家のため、親のため」ということとはべつであって、柳田にいわせればそれもまた「宙にういた観念」だというべきであろう。

柳田のいう「もの」とは、事物あるいは対象のことではない。それは言葉であり、しかも言い表されない沈黙の言葉、けっして明瞭な観念としては意識されないが、ひとを生かしめているものである。そういう「もの」から絶たれたとき、われわれは不可避的に言葉――観念としての言葉を必要とする。われわれが「宙にういた観念」を必要とするのは、逆にわれわれが宙にういた存在だからであり、われわれ自身の力で生存理由を案出せねばならないからである。しかし、どんな生存理由も「一たび嵐が吹きあれると」、吹きとばされてしまう。

漱石の『夢十夜』に次のような話がある。運慶がいとも無造作に仁王を刻んでいるのを感嘆してみているると、見物人の一人が自分に、「なに、あれは眉《まみえ》や鼻を鑿《のみ》で作るんじやない。あの通りの眉や鼻が木の中に埋つてゐるのを、鑿と槌の力で掘り出す迄だ。丸で土の中から石を掘り出す様なものだから決して間違ふ筈はない」という。彫刻とはそんなものかと思い、自分でひとりでやってみると、一向に仁王は見あたらない。そこで、「遂に明治の木には到底仁王は埋つてゐないものだと悟つた。それで運慶が今日《けふ》迄生きてゐる理由も略《ほゞ》解つた」と考える。

柳田のいう「もの」とは、いわばこの「仁王」である。そういう「もの」が見あたらなくなったとき、ひとは独力で仁王を作り出さねばならない。漱石はこの夢において、ある深い存在喪失を語っている。彼は主知的に世界を建設せねばならない焦燥と徒労の感覚を、なによりもこの夢において暗示していた。それは必ずしも「明治の木」をもつ者が共有した経験ではない。そこには、おそらく幼年期から「もの」としての言葉を絶たれて育った彼に固有の存在感覚がある。

たとえば柳田は、両親があいついで亡くなったときのことを、次のように回想している。

友達にも恵まれ、順調だった私の学生生活にとつて、いちばん不幸であつたことは、私が高等学校から大学に入る夏、父母が相ついで死んでしまつたことであつた。私の両親はどちらかといへば巡り合せが悪く、寂しい生涯を送つてゐたので、私はそのころ東京に見られるやうになつた馬車、それを乗りまはしてゐる人たちはみなヒゲを生やしたりつぱな人たちだつたので、早く私もさうなつて、寂しい両親をのせて喜ばせて上げたいと願つてゐたにもかゝはらず、母が亡くなり、父も間もなく後を追つてしまつた。その上私はその後腸チフスのひどいのに罹り、寄宿舎にもをられなくなつたため、まるで気持が変つてしまつた。

大学はせっかく法科へ入つたが、何をする気もなくなり、林学でもやつて山に入らうかなどとロマンチックなことを胸に描くやうになつた。しかし林学はそのころいちばん難しい実際科学で、大変数学の力が必要であつた。私は数学の素養が十分でないので、農学をやることにした。両親も亡くなり、もう田舎に住んでもかまはないくらゐの積りであつた。

（『故郷七十年』）

これは六十年後に語られた回想であって、当時の柳田が受けた打撃の深さはもはやつつみこまれている。実際は「キリスト教に傾いた」こともあり、彼のこの時期の精神的彷徨は、けっして〝ロマンチックな〟ものではなかった。柳田が「何をする気もなくなって」、これまで考えていた進路を放棄してしまったのは、たんに両親が亡くなったからではない。しかし、当時彼がとらえられた虚無感は、そのこととたしかに結びついている。彼はこのとき、いわば「もの」を喪失したのだ。彼がなくしたのは「学資をつむぎ出そうとする老いたる母の糸車」であり、あるいは「内の感覚」としての言葉にほかならなかった。

彼がイプセンを読んで不満を感じたのは、その「破壊」がなにものをももたらさないということだけではなく、「破壊」そのものが「もの」をなくして露出させられた人間の、自覚せざる反射的行為だということをみていたからだ。そう思って前に引用した座談会を読みかえすと、柳田をかこむ自然主義者たちはほとんど一種の亡者の姿のようにみえる。彼らは「もの」をうしなったが、そのためにむしろ一切の「もの」を破壊しようとする。しかし彼らが否定しているのは「もの」ではなく、「もの」がなくなったあとに出てきた観念、あるいはillusionでしかなくなった一切のものなのであって、そこに自然主義という彼らの主張が存する。

この座談会で注目すべきなのは、あまり発言していない正宗白鳥である。

長谷川氏　理想などといつても一種のillusionだ、そのillusionがなくなる頃は人間夢醒めて唯死だ。
正宗氏　西洋でもいつか他のillusionが設けられてイプセンなぞも捨てられる時が来る。
柳田氏　然し現在に於いては少くとも其illusionが真面目なものでなければならぬ。

これらの発言はそれぞれまったくいちがった方角に向かっている。白鳥は自然主義者の「自然」もまた一つの観念にすぎず、やがて何かにとってかわられるだろうというのである。それが白鳥の相対的な懐疑的な姿勢であって、彼は泡鳴・花袋らと柳田の中間の位置に立っている。白鳥が死ぬまでそのような姿勢を持続し、作家であるより批評家としての眼を保っていたことはいうまでもない。

しかし、柳田は白鳥とちがって、「もの」を見出さねばならない。「もの」はもちろん客観的な対象物ではなく、illusionである。だが、それはいわば「真面目な」幻想であって、人間の生あるいは社会を根底のところで支えているものだ。いいかえれば、それもまた言葉、すなわち対象そのものではなく言葉によってつかまれた世界だが、内的に入りこんでいかないかぎりけっして感じられない世界である。柳田がそのことを強く意識していたのは、それだけ彼の喪失感が深かったからである。

二

同時代の仲間の文学者たちは、柳田の行動を、あるいはその行動の奥にあるものをほとんどつかみかねていた。そのために彼らが描いた柳田像はしばしば神秘的にさえみえる。たとえば、彼が明治三十四年に、柳田家に養子に行ったことは、知人たちにとって不審であり不可解に映っていた。《何も先生など養子に行かなくつても好い。あの位の秀才だから、大学を出さえすれば立派に独立して行かれる。何も自からすき好んで、束縛の中に入らなくつても好い》(田山花袋「妻」)

しかし、むしろ柳田には「束縛」が必要だった。もとより「束縛」の意味が、柳田と花袋の間ではちがっている。たとえば、両親が亡くなったあと、彼は「山に入らうか」と考える。それは、のちに彼が、「物憑き物狂ひがいつも引き寄せられるやうに、山へ山へと入って行く暗示には、千年以前からの潜んだ感圧が尚働いてゐる」(『山の人生』)と書いたのと照らしあわせると、暗示的である。柳田はそのとき一種の「物狂ひ」だったといってさしつかえない。そして、その「物狂ひ」は、彼がどこにも所属していないという感覚、彼をつなぎとめる何物もない危機感にほかならなかった。

母と弟二人と茸狩に行つたことがある。遠くから常に見て居る小山であつたが、山の向ふの谷に暗い淋しい池があつて、暫く其岸へ下りて休んだ。夕日になつてから再び茸をさがしながら、同じ山を越えて元登つた方の山の口へ来たと思つたら、どんな風にあるいたものか、又々同じ淋しい池の岸へ戻つて来てしまつたのである。其時も茫としたやうな気がしたが、えらい声で母親がどなるので忽ち普通の心持になつた。此時の私がもし一人であつたら、恐らくは亦一つの神隠しの例を残したことゝ思つてゐる。

(『山の人生』)

たしかに自身でいうように、彼は「神隠しに遭ひ易き気質」であっただろう。しかし、右のような回想から私が感じるのは、少年期の柳田がおかれていた、ある不安定な状態である。このような経験はたんなる資質ではなく、彼が家のなかではっきりと所属を確かめられない不安感と切りはなすことができない。彼は彼自身をつなぎとめる「もの」をもてない、そういう漂泊感をつねに根底に感じていたように思われる。

彼には「束縛」、つまり「えらい声でどなる母親」のような存在が必要だった。彼が養子に行ったのは、彼を繫留するなにかをそこにもとめていたからだといえる。しかし、実際の家が彼の希求を十分にみたしたわけではない。にもかかわらず、すくなくともその時期の柳田は、彼を一定の場所につなぎとめる現実的なきずなを必要としていた。

はっきりしているのは、柳田が松岡家というような「家」の観念をまったくもっていないことである。逆にいえば、養子に行っても、彼は柳田家という意識をもたなかった。これは実際の柳田家の期待に反しており、そこに暗闘が存在したことは、たとえば娘の柳井統子の小説『父』などが証している。

娘が「家」の意向で結婚をせまられているとき、「愛情のある人と結婚することだ。お父さんなんか生涯誰からも理解されなかった！」と、父はいう。ここに描かれている柳田は、「まるで置き忘れられた卵のように殻を破ることを知らない孤独」のなかにある。しかし、これは娘がみた姿であって、柳田の「孤独」はむしろ彼自身に原因がある。

柳田は「兄嫁の思ひ出」と題して次のように書いている。

子供のころの思ひ出はつきない。私の家は貧しかつたため、私にも方々の寺から小僧に貰ひうけようといふ話がかかつたことがある。その一つは瀬加《せか》（＝市川町）の寺からでその寺の住職が怖い顔をしてゐた。もう一つは辻川の文殊山といふ天台宗の寺だつたが、その住職は獅子山さんといつた。子供のころ「いたづらをするとお寺にやるよ」といはれるとこの何でもない顔をした獅子山さんと、瀬加の怖い顔をした住職が〝獅子〟といふことから連想されて、妙に二つが一致して怖くなつてきたものである。私が暗記力にすぐれてゐたため、お寺から貰ひうけの話が出たのだらうが、両親もお寺にやるならば京都の大きな所と考へたのであらうか、幸ひに実現はしなかつた。

同じく子供のころの思ひ出で、いまもしきりに思はれるのは、長兄の許に嫁いで、母との折合ひが悪く実家に帰つた兄嫁のことである。北野の皐《をか》といふ医者の家であつたが、その前に夏になると美しく蓮の花の咲く大きな池があつた。辻川の灌漑用の貯水池であつたが、ある冬の日、二、三人の友人たちとともにそこで氷滑りをして遊んでゐた。子供のことで気がつかなかつたが、池の中心の方は氷が薄くなつてゐるのを家を出された兄嫁は土堤からはら〳〵しながらみつめてゐたのであつたらう。忘れもしない、筒つぽの着物をきて、黒襟をつけた兄嫁はいきなり家から飛び出て来て私を横抱きにすると家へ連れていつたものである。

実家に帰つてもやはり姉弟の情愛があつたものであらう。私はいつも帰郷するたびにそのことを思ひ出し、一度は昔の情愛を述べようと、再婚先の寺を訪ねたことがあつたが、折悪しく留守中でその機を失してしまつたがいまもそのことが悔まれる。

（『故郷七十年』）

この回想から察せられるのは、柳田がいつ養子にやられるかもしれないような状態にあったということだ。実際に彼は十三歳以後、長兄に預けられているのだから、養子にやられなくても同じような目にあっている。柳田自身もまた彼の「気質」をそのような状態と結びつけている。《両親が郷里から布川へ来るまでは、子供の癖に一際違つた境遇におかれてゐたが、あんな風でながくゐてはいけなかつたかもしれない。幸ひにして私はその後実際生活の苦労をしたので救はれた》(『故郷七十年』)。

柳田の「殻」がかたく形成されたのは、たぶんこのような少年期においてであって、それは彼の防衛反応だったのかもしれない。彼はふつうの子供が自明の前提とするような安息感を絶たれていた。彼の「殻」は、安息感のない場所で生きねばならない子供がこしらえた、むしろ防衛的な身構えである。

兄嫁は彼を「横抱きにすると家へ連れていった」。これは「えらい声でどなる母親」と類似する。つまり、それらはいずれも柳田にアイデンティティを確証させた経験なので、彼がそのことを懐かしく記憶しているのは、逆に彼の根深い漂泊感を示唆するのである。とくに、彼が「純情小説のように」思慕している兄嫁は、彼の「殻」を溶かしてくれた数少ない人間だったのかもしれない。

柳田にとって重要だったのは、彼女が一時期彼の家にいただけなのに、彼に対する情愛をうしなっていなかったということである。つまり柳田が家に対してもつ感覚は、兄嫁を追い出すことになった現実の家の姿ではなく、出されたのちにも彼女が示した〝情愛〟のようなものだった。彼のいう「孝行」も観念ではない。たんに母の情愛に対して応えようとする子の情愛にすぎない。そして、柳田がそのような〝情愛〟のかたちを「もの」として見出したのは、逆に彼にそれがほとんど欠けていたからである。彼は〝生涯〟そこから絶たれていた。それはただ「かのたそがれの国」にすむ「こひしき皆」とのあいだにしか存在しなかったのである。死者と行きかうことができ、死者が彼を見守りいつでも会いにくるという「固有信仰」は、観念ではなく、彼自身の存在感によって照らし出されたのだといってもよい。

三

柳田は実際の家ではなく、彼自身に感じられる〝家〟のかたちをもとめていた。それは、彼の存在を確証し永続性の感覚を付与する何かだった。われわれは、それが信仰されるものでなく、感じられるものであったことに注意すべきであろう。

敗戦に際して、折口信夫は「神破れ給ふ」と歌い、そこから神道に世界宗教的な普遍性を与えようとするにいたった。しかし、柳田は「いよ〳〵働かねばならぬ世になりぬ」(『炭焼日記』)と考えたにすぎない。つまり、柳田にとって「神破れ給ふ」などというような〝神〟はありはしなかった。なぜなら、彼にとって神は超越的な他者ではなく、いわば「小さき者」だったからである。だが、超越者への信仰はなかったとしても、超越性あるいは自らをこえて存在し存続するものへの感覚が彼にあったことを忘れてはならない。彼の「政策」はまさにそのような感覚に裏づけられていた。そのような感覚を欠いたとき、われわれはニヒリズムにおちいるか、さまざまな信仰によって生きることを余儀なくされる。

くりかえしていうが、実際の家はたとえば柳田の兄嫁を追い出すようなものであった。彼にはそういう惨劇がよくみえていたが、ほとんどそれを書かなかった。しかし、それは彼が事態を直視しなかったのでも、美化しようとしたのでもない。そういう惨劇はほとんど自明の事実であって、柳田自身もまたそれを柳田家のなかで経験している。だが、彼はそれを暴露することに意義をみとめなかった。彼にとって大切なのは、そのような「悲惨さ」の底にある「もの」だったからだ。

それは、子供を殺してしまった山男の話を、「物深くまた人を考えさせる」出来事としてみた柳田の姿勢とつながっている。その事件は容易に理解しうる、ありふれた惨事であって、われわれはそこから政治・経済的問題をひき出すことができる。柳田がそうしなかったのは、むろんそれを知らなかったのではない。彼は、その山男と子供たちの姿に、ある〝情愛〟のかたちを感受していたのかもしれない。そして、いわば絶望していながら自分が絶望していることを知らない彼らの孤独な在り方に、彼は「悲惨さ」をみたのだ。

それは、裁判文書や新聞記事がとらえる「事実」にはみあたらない。要するに「事実」とは、出来事を言い表す一つの表現形式の謂であって、自然主義派がそう思いこんだ「ありのままの事実」とは、彼らがものをみる角度によって切りとられたものにすぎない。そこには「物深い」ものをみようとする想像力が欠けているだけでなく、事実というものが仮説にすぎないという認識もまた欠けている。

柳田が窮極的に見出す「事実」は、客観的事実ではなく、一種の神話である。たとえば、母と子はそれぞれまったくべつの個人であり、互いに他者である。しかし「母と子」という関係そのものは、たとえ母が子供にとって何ものでもなく、たんなる他人にすぎなくなっても残存する。逆にいえば、母という事実も子という事実も存在するのではなく、われわれはいわば「母と子」という関係、あるいはそういう存在構造のなかに生まれてくるだけだ。柳田のいう「事実」とはそのようなものである。われわれは実際の母をみるとき、ひとりの他者を見出すだけであり、自然主義派にみえた家とは、そのような他者との暗闘の場所である。

柳田がみようとしたのは、いうならば「母と子」という神話であり、われわれが意識するしないにかかわらず、すでにそのなかにある象徴的な世界である。このことは、柳田が先祖について語るとき、なんら具体的な特定の先祖を意味していないのと同じであって、〝先祖〟は人間の存在構造においてとらえられている。

柳田がいう「共同の事実」とはそういうものであって、さまざまな心理・観念・信仰・イデオロギーによって生きている諸個人の生の基層に見出されるべきものだ。それはいいかえれば言葉であって、柳田は人間の経験の核心に言葉――けっして言い表されず「ひとが心の中で使ひつゞけてゐる日本語」としてとどまっている――を見出す。その言葉こそが「事実」なのであり、それ以前にいかなる経験も存在しない。

日本人の多数が、もとは死後の世界を近く親しく、何か其消息に通じて居るやうな気持を、抱いて居たといふことには幾つもの理由が挙げられる。さういふ中には比隣の諸民族、殊に漢土と共通のものもあると思ふが、それを説き立てようとすると私の時間が足りなくなる。茲に四つほどの特に日本的なもの、少なくとも我々の間に於て、やゝ著しく現はれて居るらしいものを列記すると、第一には死してもこの国の中に、霊は留まつて遠くへは行かぬと思つたこと、第二には顕幽二界の交通が繁く、単に春秋の定期の祭だけで無しに、何れか一方のみの心ざしによつて、招き招かるゝことがさまで困難で無いやうに思つて居たこと、第三には生人の今はの時の念願が、死後には必ず達成するものと思つて居たことで、是によつて子孫の為に色々の計画を立てたのみか、是に再び三たび生まれ代つて、同じ事業を続けられるものゝ如く、思つた者の多かつたといふのが第四である。是等の信条は何れも重大なものだつたが、集団宗教で無い為に文字では伝はらず、人も亦互ひに其一致を確かめる方法が無く、自然に僅かづゝの差異も生じがちであり、従つて之を口にして批判せられることを憚り、何等の抑圧も無いのに段々と力の弱いものとなつて来た。しかし今でもまだ多くの人の心の中に、思つて居ることを綜合して見ると、それが決して一時一部の人の空想から、始まつたもので無いことだけは判るのである。我々が先祖の加護を信じ、その自発の恩沢に身を打任せ、特に救はれんと欲する悩み苦しみを、表白する必要も無いやうに感じて、祭はたゞ謝恩と満悦とが心の奥底から流露するに止まるかの如く見えるのは、其原因は全く歴史の知見、即ち先祖にその志が有り又その力があり、又外部にも之を可能ならしめる条件が具はつて居るといふことを、久しい経験によつていつと無く覚えて居たからであつた。さうしてこの祭の様式は、今は家々の年中行事と別なものと見られて居る村々の氏神の御社にも及んで、著しく我邦の固有信仰を特色づけて居るのである。少なくとも二つの種類の神信心、即ち一方は年齢男女から、願ひの筋までをくだ〳〵しく述べ立てゝ、神を揺ぶらんばかりの熱請を凝らすに対して、他の一方にはひたすら神の照鑑を信頼して疑はず、冥助の自然に厚かるべきことを期して、祭をたゞ宴集和楽の日として悦び迎へるものが、数に於て遙かに多いといふことは、他にも原因はなほ有らうが、主たる一つはこの先祖教の名残だからであり、なほ一歩を進めて言ふならば、人間があの世に入つてから後に、如何に長らへ又働くかといふことに就て、可なり確実なる常識を養はれて居た結果に他ならぬと私は思つて居るのである。

（『先祖の話』）

柳田はここで、個々人にとっては実在しないような在り方について語っている。彼のいう信仰とは、諸個人の所有する世界観や理論ではなく、ひとが存在している構造つまり「共同の事実」である。それは一見どこにも実在しないし、「常民」と同じように、これがそうだと指摘することもできない。ひとが意識化しうる世界、あるいは対象として措定しうる世界ではなく、逆にひとがそのなかに投げこまれている世界、そして明確に言い表されず言い表されればたんなる世界観になってしまうような存在構造について、柳田は語っているのである。

柳田は「固有信仰」を、仏教や神道と同レベルで比較したのではない。それらの信仰が外来のものだといっているわけでもない。それらの宗教はあくまで個人という意識に立った合理的な世界像であり、いわば〝観念〟である。とりわけ仏教は、右のような死生観が通用しない次元、個人が個人として存在することを意識した次元において、はじめて諸個人をとらえる観念であって、それは基本的に今日のさまざまな観念と変わるところはない。

柳田がいっているのは「共同の事実」であって、個人の思想ではない。それは諸個人がどう考えているかではなく、いかに在るかということにかかわっている。

たとえば、デカルトは『方法序説』のなかで、自分は夢をみているのかもしれない、しかしたとえそうだとしても「我思う《コギト》」ということだけは疑いないといっている。つまり、デカルトがコギトから導き出した「主体－客体」という世界は、それ自体が一つの「夢」のなかにつつまれたものであるかもしれないことを前提としている。客観的な世界とは、眼の前にある世界のことではなく、このようにして構成された世界のことである。われわれが実際に生きている世界は、そのようなものではない。デカルト自身にとって、自然科学が存在する位相は「世界の一部」にすぎなかった。

柳田がとり出す「共同の事実」とは「共同の幻覚」であり、いわば「夢」である。あるいは、主知的に構成される世界像自体がそのなかにつつまれている、人間の存在構造のことだといってもよい。

「共同の幻覚」というのはillusionを意味するのではない。幻覚それ自体は心理的な現象だが、「若し之を精神病の一つとするならば、患者は決して病人一人では無い」というべき世界では、心理学は成りたたない。そこにはもともと狂気は存在しえないからである。

「うそ」と「まぼろし」との境は、決して世人の想像する如くはつきりしたもので無い。自分が考へても尚あやふやな話でも、何度と無く之を人に語り、且つ聴く者が毎に少しも之を疑はなかつたなら、終には実験と同じだけの強い印象になつて、後には却つて話し手自身を動かす迄の力を生ずるものだつたらしい。昔の精神錯乱と今日の発狂との著しい相異は、実は本人に対する周囲の者の態度に在る。我々の先祖たちは、寧ろ怜悧にして且つ空想の豊かなる児童が時々変になつて、凡人の知らぬ世界を見て来てくれることを望んだのである。即ち沢山の神隠しの不可思議を、説かぬ前から信じようとして居たのである。（『山の人生』）

柳田はこれを「未開人の思惟」とみなしていたのではなかった。むしろわれわれがすでにそこに投げこまれている「夢」として、基礎的な構造としてみていたのである。

くりかえしていえば、「共同の事実」とは、われわれが言葉によって存在するということにほかならない。たしかに諸個人は感覚的に、心理的にそれぞれ異なった経験をしているであろう。しかし、〝経験〟が成り立つのは言葉によってであり、言葉は諸個人より先に存在している。つまり、われわれがまったく個別的な経験とみなしていることでさえ、すでにそれは「共同の事実」なのであり、「我思う」という意識でさえ「我」という言葉、すなわちある共同的なもののなかにのみ成立する。デカルト自身はコギトをそのような場所においていたのである。

柳田はたとえばこれを「共同幻想」として批判しなかった。なぜなら、それは未開的思惟でもなければ、illusionでもなく、一種の基礎的存在論にほかならなかったからだ。柳田の考えでは、そういう〝存在〟（言葉＝もの）をうしなったとき、観念があらわれる。たとえば家が異なる家族の寄合所帯でしかなくなったとき、その共同性はひとを拘束する観念となる。それはムラという共同性が、私有制とともに貧富の差、階級の差が発生してきたとき、もはや地主層の利害を反映し強制する桎梏でしかなくなるのと同じである。現実の惨劇はそこに生じ、家や共同体との格闘が文学者・思想家の主題となる。私はその点をのちに論じるが、すくなくとも今いっておきたいのは、柳田の「批判」がそれらの主張とは全然別の、しかしより根底的な場所からなされているということである。

IX　ものと観念

一

敗戦後に、折口信夫は「神やぶれたまふ」（『近代悲傷集』）という詩を書いている。敗戦を「神の敗北」としてみるのは、折口が神道に立脚している以上、必然である。

富むまゝに　たからを蕩尽《ツク》し、
　人の世の道を蔑《ナミ》して、
ひたぶるに亡びに向ひ、
他《ヒト》をすら　亡びに誘《サソ》ふ
かの憎き醜《シコ》の奴輩《ツブネ》に
酬《ムク》いせぬ神や　あるべき。

（「國の崎々」）

対米戦争を右のような古語で歌った折口が、敗戦を「神の敗北」としてみたのは、それなりの一貫性をもっている。なぜなら同じような詩を書いていた詩人は、少数の例外をのぞいて、たちまちそれを強制による不本意な仕事として放棄し隠蔽する方向に向かったからである。重要なのは、折口にとって「敗戦」ということが決定的な事実だったという点である。

たしかに折口の現実認識は驚くべきほど貧弱であった。彼にはおよそこの戦争が何たるかはわかっていなかったといってもよい。彼はこの現代的な帝国主義戦争を、ほとんど古代的な戦争をみるようにみていた。むろん戦争中に喚起された〝古代〟のイメージは、この戦争を遂行するために動員された神話的イデオロギーにもとづいている。多くの戦争イデオローグ（文学者）は、自ら〝古代的〟に歌い且つ説きながら、現実がそうでないことを知っていた。知っていたからこそ、敗戦に際して、彼らは簡単に戦争中の著作を放棄したのである。このずれの意識、あるいはずれを埋めようとする欺瞞の意識は、しかし折口信夫にはなかった。

折口が古代人そのものの感受性をもっていたというのは正しくない。なぜなら、実際に古代人がどのように考え感じていたかを、われわれは知りえないからだ。しかし、折口が現実の近代戦争を〝古代的〟に感受していたとき、そこにずれがすこしも意識されていなかったことは明瞭である。彼はイデオローグではなかった。イデオローグにとっては、戦争中の観念は、不本意なものであれ自発的なものであれ、自己自身あるいは現実から遊離したものとしてあったので、敗戦はあっというまに彼らをそれ以前の状態に復帰せしめ、もともと民主主義者、社会主義者であったかのように考えることを許したのである。すなわちそこに「敗戦」という事件は生じなかったといってもよい。

敗戦が折口信夫に与えた打撃の深さは、それが文字通り「神の敗北」として映ったところにある。この戦争が部族と部族の戦《いくさ》のように表象されていたとするなら、敗戦がその守護神の敗北にほかならないのは当然である。折口の「神やぶれたまふ」という認識はアナクロニズムにすぎないが、すくなくとも彼において「敗戦」という認識が存したことは、それがどんな表象によるものであれ、重要だったといわねばならない。折口は、真っ正直に「神の敗北」という問題に直面した。

神々が敗れたといふことは、我々が宗教的な生活をせず、我々の行為が神に対する情熱を無視し、神を汚したから神の威力が発揮出来なかつた、と言ふことになる。つまり、神々に対する感謝と懺悔とが、足らなかつたといふことであると思ふ。其神の敗北を考へて見ねば、神道の神々の本道の力を説明することは出来ないと思ふ。

（「神道宗教化の意義」昭和二十一年八月）

このような反省は、戦争中の延長においてみれば当然なのだが、しかし戦後においてはたんに滑稽なものにすぎない。右の文で折口がいっているのは、実は戦争イデオローグへの批判である。彼らは真に信仰をもっていたのではなく、人間の恣意あるいは政治的権力の意志を「神の意志」として語っていただけであり、むしろそのために敗北したのだと、折口はいうのである。

周知のように、戦後の折口は「民族教より人類教へ」とか「神道の新しい方向」といった論文を書き、神道を「世界宗教化」する方向へむかう。しかし、それは神を超越神に転化しようとしたということではない。「先我々が神様と人間との系図を分離することを考へねばならぬ」と折口はいうが、しかしその考えそのものは以前からあったからだ。

当世の人たちは、神慮を易く見積り過ぎる嫌ひがある。人間社会に善い事ならば、神様も、一も二もなく肩をお祖ぎになる、と勝手ぎめをして居る。信仰の代りに合理の頭で、万事を結著させてゆかうとする為である。（中略）我善しと思ふ故に、神も善し《ママ》と許させ給ふ、とするのは、おしつけわざである。（中略）信仰の上の道徳を、人間の道徳と極めて安易に握手させようとするのである。神々の奇蹟は信ずる信ぜないはともかくも、神の道徳と人の道徳とを常識一遍で律しようとするのは、神を持たぬ者の自力の所産である。空想である。

（「神道の史的価値」大正十一年）

このような論は、神の意志と人間の意志に関する、ユダヤ・キリスト教的な議論を想起させる。実際、すでに神道はその教義の純化の過程で、たとえば平田篤胤がそうだったように、「世界宗教」を導入していたのであり、したがって戦後の折口の「神道宗教化」は、神道自身が内包している論理的発展といえなくはない。

けれども、折口の「民族教より人類教へ」という試みが生まれるのは、「神の敗北」という認識によってである。折口はたんに普遍的な宗教を確立しようとしたのではない。むしろ、彼が日本「民族」の存立という観点をすこしも捨てていなかったところに、彼の発想が存するのである。

ウェーバーは次のようにいっている。

イスラエルの〔神〕ヤーヴェはまず最初、戦いのさ中に英雄たちを助けるために雷雨や雲をともなってあらわれる、山に住むあらしと自然災害の神であり、軍事的征服を行なう誓約共同体の契約神であった。この誓約共同体という団体は、団体の祭司の仲介による神との契約によって、神の庇護のもとにおかれていた。したがって対外政策が常に神の活動分野であったし、神の予言者たちの中で最も偉大な者もすべてまたこうした分野に関係する者であった。つまり彼らは、強力なメソポタミアの盗賊国家に対して非常な恐怖をもった時代における、対外政策の分野での政治的世論形成者であった。こうした状況によってヤーヴェの決定的な〔イメージの〕形成はなされた。対外政策は神の行動の舞台であった。特に戦争や民族の運命の激変期においてはそうであった。したがってヤーヴェは、まず第一にそして何よりもまず彼の民族の、たとえば戦争の命運のような、非常時の神であり、また常にそうであった。ところがこの民族は自ら世界帝国をつくり出すことができず、むしろ世界的強国にはさまれた一小国としてとどまり、そして結局そうした強国に屈したがために、ヤーヴェはもっぱら超世俗的な運命の指導者として一つの〝世界神〟になることができた。こういった運命の指導者たる世界神の眼前では、神自身の選ばれた民族もまた、たんに被造物的意味しかもたず、〔したがって〕その民族の態度に応じてある時は祝福されまたある時は永劫の罰を下されたのである。

（『儒教と道教』）

「神の敗北」という認識から、「民族教より人類教へ」という折口の発想の本質は、まさに右のようなものだといえる。すでにいったように、それはたんに「超越神」化するということではありえない。またそこから考えると、折口の思念にあったのは旧約聖書的な問題意識であり、キリスト教的な個人レベルに降りた「宗教」でなかったことも明らかである。

しかし、紀元前はるかまえにあった「世界宗教」化のプロセスが、戦後の折口信夫にそのまま展開されている様は奇妙というほかはない。事実、折口のこの試みは、たんに彼の思弁の域を出ず、なんの影響力をももちえなかった。

それは第一に、そのような神道は現実の生活における苦難や不安を対象化する「神義論」を欠いていたからであり、第二にそのことと関連するが、「神」に関する議論が、たとえ転倒された表現としてであれ、実際の人間あるいは現実への認識を投影しているということがなかったからである。そして、それをより根底的にいうならば、折口には「神と人間」という視点しかなく、柳田のように「自然と人間」という視野をもっていなかったということである。

私はここで折口信夫と柳田国男を比較するつもりはない。ただ柳田について考えるとき、対照的に折口信夫の姿がみえてこざるをえないのである。

二

柳田にとって、「やぶれたまふ」ような神はもともとありえなかった。彼が「神の敗北」などということをまったく考えたことがないのはいうまでもないが、彼にとっても敗戦はべつの意味で決定的な事実だったことも疑いはない。しかし、彼の反省が、たんに信仰の問題だけでなく政治・経済上の全般的な事柄に及んでいたことは明らかであり、しかもそれは戦争を一つの自然史としてみる位相から考えられていた。つまり、柳田は敗戦という事実を、解明すべき且つ解明しうる課題として見出したのである。

しかし、もちろん神という問題は柳田においても重要であった。ただそれは折口信夫とはまったく異質のモチーフに発している。折口は、柳田の学問が一口にいえば神を目的としている、「今迄の神道家と違つた神を先生は求めてゐられる」といっている（「先生の学問」）。この指摘は正しい。だが、折口自身に柳田が目的としている神が、折口のそれともちがったものだという認識があったかどうかは疑わしい。いずれにしても、柳田は折口のような意味合いでは「信仰」を求めていなかったからであり、当人はむしろ自然史的なマテリアリストだったからである。そして、柳田がみきわめようとする「固有信仰」は、神学ではなく人間の存在形態、すなわち「共同の事実」であった。

判りきつた事だが信仰は理論で無い。さうして又過去は斷うだつたといふ物語でも無く、自分には斷うしか考へられぬといふ御披露とも別なものである。眼前我々と共に活きて居る人々が、最も多く且つ最も普通に、死後を如何に想像し又感じつゝあるかといふのが、知つて居らねばならぬ事実であり、それが又実際に、この大きな国運の歩みを導いても居るのである。

(『先祖の話』)

ここからみると、折口の「信仰」は「理論」であり、「過去は斷うだつたといふ物語」であり、「自分には斷うしか考へられぬといふ御披露」のようにみえる。折口が神道を理論的に変革しようとしたのも、もともとそれが「理論」だったからである。柳田にとって、信仰は「事実」でなければならない。いいかえれば、それは神道、仏教その他の宗教のようにひとが任意に選びうるものでなく、ひとびとがそれを意識しないにもかかわらず現にそのように生きている存在形態のことだ。それはむしろ宗教というべきものではない。折口は神道を宗教化するといったが、実は神道はすでに「宗教」だったのであり、「理論」

だったのである。

柳田は戦争中に『先祖の話』を書き、そこで次のようにいっている。

もとは他国へ出て行つて働くにも、やがては成功して故郷に還り、再び親類や故旧の間に住まうといふ者が多かつたやうだが、最近になつて人の心持はよほど改まり、何でもその行く先の土地に根を生やして、新たに一つの家を創立しようといふ念願から、困苦と闘つて居る人たちが日に加はつて居る。乃ち家の永続は大きな問題とならざるを得ない。風土環境の我々に及ぼす力は軽く見ることが出来ぬであらうが、住めば忽ち其天然の中にまぎれ込んでしまつて、やがて見分けも付かなくなることは、少なくとも開発者の本意では無いのである。淋しい僅かな人の集合であれば有るだけに、時の古今に亙つた縦の団結といふことが考へられなければならぬ。未来に対してはそれが計画であり遺志であり、又希望であり愛情である。悉く遠い昔の世の人がした通りを、倣ふといふことは出来ない話だが、彼等はどうして居たかといふまでは、参考として知つて置くのが強味である。古人は太平の変化少なき世に住んで、子孫が自分の先祖に対するのと同一の感じを以て、慕ひ懐かしみ迎へ祭るものと信ずることが出来た。しかし実際は次々と社会の事情が改まつて、或る部分に於ては明らかに失望して居るのである。其悲しみをちつとでも避けるが為には、我々は是から後の世の中の、今の通りでは無いことを予期することが必要であるのみで無く、それを力の及ぶ限り、現在我々が善しと信ずる方向へ、変らせて行くやうに骨折らなければならぬ。即ち家といふものゝ理想は外からも内からも、いゝ頃加減にほつたらかして置くわけには行かぬのである。日本の斯うして数千年の間、繁り栄えて来た根本の理由には、家の構造の確固であつたといふことも、主要なる一つと認められて居る。さうして其大切な基礎が信仰であつたといふことを、私などは考へて居るのである。固より信仰は理をいて説き伏せることの出来るもので無く、人が背いて行くのを引留めることは困難であらうが、多数の我同胞は感覚に於て之を是認しつゝも、実は之を考へ又言葉にする機会だけをもたなかつたのである。はつきりと言つてしまつたら、却つて反対は強くなり、消滅の危険を多くすることになるのかも知れないが、なほ私はこの事実を正確にした上で、それを再出発の起点としなければならぬと思つて居る。

(『先祖の話』傍点柄谷)

『先祖の話』が昭和二十年四月、柳田のような人にとっては敗戦が必至とみえていた時期に起稿され、戦後の十月に出版されているのは興味深い。おそらく柳田は敗戦を予期してこの書物を書いたといってよい。したがって、ここで柳田のいう「家の永続」という問題が、ほかならぬ日本人の永続という問題をはらんでいること、あるいは「家の永続」に関する危機感が日本人の永続ということに関する危機感に裏打ちされていることは疑いないと思われる。

柳田は本書において持続するものを確認しようとしたのであって、それゆえに敗戦は彼にとって、断絶（非連続《ディスコンティニュイティ》）をもたらすものではなかった。逆にいえば、そういう非連続への危機意識が、柳田に持続するものを見出すべき衝迫を与えたといってもよい。つまり、国家や天皇という観念が破産しようとしている時期に、彼は「もの」を確認しようとしたのだ。どんな戦争イデオロギーも革命イデオロギーも、「宙にういた観念」にすぎない。そして、彼は「生きた、現実的なもの」を、先にのべた「孝行心」すなわち先祖信仰に見出すのである。

三

われわれは、祖先崇拝を前近代的思考とよぶことに慣れている。それが天皇制イデオロギーの現実的基盤であり温床であり、これを打破しないかぎりその根拠を断つことはできないということが、常識となっている。しかし、すでにいったように、事実はそのような

「もの」が壊れてのちにイデオロギーという「宙にういた観念」があらわれるのだ。

その現実的な例は、明治三十九年に強行された、「一村一社」という神社合併政策である。これはそれまで自然村にあった小さなお宮を廃し、より大きな行政村に一つずつの神社を設置する政策であって、それらの神社を官・国幣社の下に位置づけ、国家神道として統合するこの政策が、はじめて天皇制国家を基礎づけたのである。

柳田や南方熊楠はこの合併政策に反対したが、しかしこのような政策が出てくる必然も、自然村の側にもあったといわねばならない。すなわち、公布にいう、「由緒ナキ矮小ノ村社無格社夥キニ上リ、其ノ数十八万九千余ニ達ス、此等ノ中ニハ神社ノ体裁備ハス、神職ノ常置ナク、祭祀行ハレス、崇敬ノ実挙ラサルモノ」があることは、事実だった。それだけ自然村の解体や貧困化・階級的分化がすすんでおり、神社の荒廃をもたらしていたのだ。しかし、この政策は、そのような事態を農政的に解決しようとするかわりに、氏神を廃しより大きな神社に統合することで、「信仰」のむしろ外見だけを確立しようとしたのである。

農村史家小野武夫はそれを次のように批判している。

惟ふに日本農村の伝統的民族精神を維持せしむるには、少くとも各部落に一個宛の神社を有することの必要なるは云ふまでもない。単に其の維持費又は祭典の負担に堪へずとの理由により、又は社殿外観の美備はらざるの理由を以て、其の部落より氏神を奪うて他部落の氏神に合併せんとしたのは、要するに農民生活を単に物質的方面よりのみ見た結果によるのであるから、当時の内務省神社行政は各方面から大いに非難せられた。されば愈〻部落の神社を合併しようとして、祭神の奉遷をする夜になつて村民激昂し、路上に神輿が暴れ、石降り瓦飛ぶの痛事を演じたことさへもあつたと云ふ。神社統一に関する限り当時の内務省は最初は脱兎の如く、後には屠所の羊の如き臆病さを示したが、之は畢竟するに農民側よりの反対に耳を藉したものに外ならないのであつた。

（『農村史』昭和十六年。傍点柄谷）

政府の方針はむしろ神社を欧米の教会のように壮麗・大規模なものにするということにあり、これは結果的にそうなったようなイデオロギー的意図をもっていたとはいえない。にもかかわらず結果として、村人はその直接的な先祖である氏神から遊離し、国家神道の下に吸収されていった。それを拒絶できなかったのは、彼らのムラが実質的に瓦解していたからだ。「宙にういた観念」がひとを支配するにいたったのはまさに彼らが「宙にういた存在」となってしまっていたからである。

『先祖の話』を書くとき、柳田はそのような宗教を相手にしていなかった。逆に彼は、「由緒ナキ矮小ノ村社」を、それらの根底に見出そうとしていたのである。

宮中のお祭と村々の小さなお宮のお祭とは似てゐる。これではじめて本当に日本は家族の延長が国家になつてゐるといふ心持が一番はつきりします。

（「民俗學の話」傍点柄谷）

この文章は誤解を招きやすい。「家族」の延長が「国家」になり、村の祭りが宮中の祭りにそのまま昇華されていくといっているかのようにみえるからだ。しかし、柳田の認識はその逆であって、皇室なり国家なりを「村々の小さなお宮のお祭」に引きずりおろそうとしているのである。彼は〝大きな者〟に「宙にうい た観念」しかみず、〝小さき者〟に「もの」をみるのだ。皇室も常民であるという柳田の発言は、皇室も〝小さき者〟にすぎないというのと同じであって、それは『先祖の話』が窮極的に戦争で青年が死ぬことを否定しているように、人間に対立する巨大な神というものの否定にほかならなかった。

四

このような批判はなまぬるく不徹底であるかにみえる。全ての幻想を解明し解体しなければならぬという観点からみれば、柳田はたしかにあいまいである。しかし、私は先に次のように書いた。《……柳田をかこむ自然主義者たちはほとんど一種の亡者の姿のようにみえる。彼らは「もの」をうしなったが、そのためにむしろ一切の「もの」を破壊しようとする》。

「先祖信仰」はむろんillusionであって、これを温存するかぎり、天皇制あるいは国家のイデオロギー的基盤となるということができないわけではない。しかし、柳田にとって、それは「真面目なillusion」であり、すなわちわれわれの存在を一つの持続性において根拠づける感覚にほかならなかった。もしこの感覚をうしなえば、「現在」のみを信じすべてを破壊するか、あらゆる幻想を否定して「自然」に還元しようとする自然主義者の末裔たらざるをえない。それは解放をもたらすかわりに荒廃をもたらすだけだ。

柳田にとって大切だったのは、祖先崇拝ということそのものではなく、われわれが、幾重にも堆積されてきた過去の上にあり、将来につながる一コマを生きているという歴史感覚である。そのような感覚がなければ、われわれは「政策」をたてることができない。そのような感覚なしにたてられる「政策」は、ただ現存する者の利害のみを反映し、また現存する者が恣意的に想定する「未来」のみを考慮にいれることになるからである。

だが、そのような感覚は、「理論」として言明されるようなものではない。柳田の考えに、たとえばエドモンド・バークにつながる認識を見出すことは可能だが、しかし柳田にとってそれは政治哲学のようなものではありえなかった。それは、主知的に理論化される前にある漠然とした、しかし疑いようのない感覚にほかならなかった。

オルテガ・イ・ガセットは次のようにいっている。

人間の生の根底の層、つまりほかの層を支え、それらを背負っている層は、信念から形成されているのである。したがって信念とは、われわれがその上で生の活動を展開している強固な地盤である。

……われわれの行動に最大の影響を及ぼすものは、われわれの知的活動の底に潜在するもののうちに、つまり、われわれが無意識的に依存しており、しかもまったく依存しきっているために、そのことを考えることもないいっさいのもののうちに横たわっているのである。

主知主義は人間が無意識のうちに依存しているものの最深部まで、すなわち、程度の差はあれ明確に表明されていない信念の層まで掘り下げようとはせずに、人間や歴史の生を、それらが持つ観念、つまり特殊個別的思想の総体から解明しようとした。こうした際に主知主義が犯した大きな過誤を読者はすでに見抜いておられるだろう。信念の層まで掘り下げること、つまり人間が無意識的に依存しているものの目録を作製することは、真に歴史を築きあげ、生をその根底から解明することになるであろう。

(「観念と信念」)

ここでオルテガが「観念と信念」といっているのは、柳田のいう「観念ともの」だといってよいだろう。宗教は、多かれ少なかれ世界と実存に関する合理主義的な説明をもつ。折口における「神」観念は、一見そうみえないけれども、明らかに〝主知主義〟的なものである。そのような宗教は、柳田にとってはどうでもよかった。彼自身はどんな「信仰」も必要としなかった。しかし、柳田にはっきりとみえていたのは、彼自身を支える「信念」である。「固有信仰」が柳田にとって存在論の問題だと私がいったのはそういう意味である。

たとえばデカルトはあらゆるものを疑う。しかし、そのような懐疑は、デカルト自身が暗黙に前提している「信念」によってのみ可能だった。つまりデカルト自身は主知主義的な世界のなかにではなく、「明確に表明されていない信念」の上に立っていたのであって、むしろそのためにこそ根本的な懐疑が可能だったのである。

明治初期生まれの学者はなぜスケールが大きいかという問いに対して、孝行心があったからだと答えた柳田が、そのとき意味していたことはすでに明らかであろう。一切の文献をカッコにいれて史学を再建しようとした柳田の「方法的懐疑」、またあらゆる観念を突き破って人間を「自然と人間」という根本的な場所においてみようとした徹底性、それらは柳田が「無意識に依存しているもの」によってのみ可能だったのだ。

折口のいうとおり、柳田が神をもとめていたとすれば、それは折口がもとめたようなものではなく、「信念」という層を確認しようとする企てにほかならなかった。

はつきりと言つてしまつたら、却つて反対は強くなり、消滅の危険を多くすることになるのかも知れないが、なほ私はこの事実を正確にした上で、それを再出発の起点としなければならぬと思つて居る。

（『先祖の話』）

「信念」という層をひとが自覚しなければならなくなったとき、それは実はこの上もない生存の危機である。なぜなら、「無意識に依存するもの」をも照明しなければならないとき、もはやその先に何も残っていないからである。柳田はそういう「消滅の危険」を自覚していた。だが、彼がそれをあくまで正確に認識することに向かったのは、彼がなおそのような「信念」に支えられていたからである。

そこには厳密に知的であろうとする姿勢がある。いうまでもなくそれは〝主知主義〟とは無縁であるが、反〝主知主義〟でもない。柳田の徹底した合理性は、合理主義的な世界像とも反合理的な世界像とも無縁であって、それはただ思考の働きのなかにある。民俗学を自己省察の学問とよんだとき、柳田は当然のことをいっただけだ。なにより、彼の民俗学は、彼自身を支えている「信念」という深層の解明に、あるいはそのことを彼に意識させた生の危機感にはじまっていたからである。

X　文体と個人（その一）

一

「民俗学の全体」とはなにかと問われて、柳田国男はこう答えている。《民俗学には全体といふものゝ無いことは、自然史や天文学なども同じであります。有るのかも知れないが、まだ誰にも圏を描いて是までといふことは出来ません。本来が記述の学問である故に、どの一部分を切つて学んでもそれだけの利益があります。たゞ其条件としては、最初に一通りその方法を呑込んで、是が安全なる知識であることゝ、其証明に何の気遣はしい点も無いといふこと、つまり此学問に対する信用を確かめねばならぬだけで、それは格別むつかしい準備作業でもありません。それからもう一つ、すべての生活現象は中心に於て一つになつて居る故に、経済も芸術も亦信仰も互ひに交渉し又牽聯して居つて、部分だけを見てもわからぬ場合があります。うまく自分の知りたい事だけを、切放して知るといふことは出来ず、少しづゝ境の外まで出て行く必要もあることを承知しなければなりません。何の学問でも、是が若い人たちの知識の地平線を、広くして行く道なのであります》(「女性生活史」)。

民俗学とは柳田にとって、たんに民俗的対象をあつかう学問体系ではなく、「方法」そのものにほかならないのだと、私は以前に述べた。右の応答はそのことをよく示している。学の対象領域はさだまっていないし、その境界をさだめることもできない。ただ方法的であること、それだけが「条件」であり、それは「自然史や天文学なども同じ」だと、柳田はいうのである。彼にとっては学の対象は natural history であり、文化科学と自然科学の区別はなく、ただ厳密に方法的であるか否かにしか区別をおいていなかった。そして、その「方法」はきわめて単純であって、おおよそ右に述べられたような事柄にすぎない。

このような単純さと普遍性——そこに方法性が存する——をつらぬくことによって、柳田はある包括的な科学のヴィジョンを提示したといってもよい。

それはもともと「民俗学」というせまいジャンルにとどまるものではなかったので、名称はどうでもよいのだ。つまり、それを「人類学」という名で再び限定する必要はない。重要なのは、人間的な生態は(自然の生態もふくめて)けっして各境界に分離することはできないという柳田の認識であり、且つ方法的な精神のみがそれに光をあてうるという認識、あるいはそこからくる「積極的楽観」(柳田)という姿勢である。それこそ、私が柳田の「内的可能性」と呼んだところのものである。

柳田は史学に対して民俗学を対置したのではなかった。ただいわゆる史学があまりに限定された領域しか対象にしていないこと、学問が人間および自然の歴史の解明に尽き且つそのことが人間の進路の選択に役立つのだとすれば、その考察対象をひろげ同時に方法的なものたらしめねばならぬこと、柳田が考えていたのはそういうことである。

ヴァレリーは、われわれが考えるべきなのは何年何月にどんな事件がおこったかということではなく、たとえば電灯の使用がわれわれの生活および思考にどのような影響を及ぼしたかということであり、その方がはるかに重要な歴史学だ、という意味のことを語っている。柳田が『明治大正史』でやろうとしたのは、まさにそのような歴史学にほかならない。

「家が明るくなつたといふことは、予想以上の色々の結果を齎した」と、柳田は書いている。それはまた、「夕暮の詠嘆」あるいは黄昏に対するわれわれの感受性をなくしてしまった。このような事実は一見すればトリビアルだが、実はきわめて重要な事柄である。柳田がそこにみているのは、技術史でも経済史でも風俗史でもない。あらゆる人間的＝自然的事象のなかに、人間の生存の形態を照らし出そうとするきわめて方法的な眼が、そこに働いている。

たとえば風景について、柳田は次のようにいっている。

　是にはまた人々の心に潜んで居る古い趣味の束縛、即ち自然に対する態度の不用意といふことが考へられる。所謂環境が世代とゝもに改まつて行かなかつたら、それに包まれたる人生は荒れて居るのである。さうして永く荒らしたまゝに悲しんで居ることは、我々には出来なかつたのである。新しい生活には必ずまた新しい痕跡がある。線と色彩とは当然に変つて行くべきであつた。俗悪といふ言葉が大抵は自分たちの勇んで働いて居る事業を、嘲り罵る結果になつたのは、多分は風景を人間の作るものとは考へずに、どうしてそれが快く眼に映ずる事になるのかの、元を尋ねようとしなかつたからであらう。才情豊かなる旅の文芸家は、いつの時代にも気まぐれなる批評を濫発して居る。さうして季節や時刻や又時々の気分によつて、自分にもあてはまらぬ法則を立てゝ見ようとして居る。是が我々の天然に対する立場を、無益に二通り三通り以上にも分けたのは、考へて見ると惜しいことであつた。

　自国固有の芸術は古いもの、外から入つたものだけが新しいといふ誤解も、半分以上は亦是を原因にして居る。（中略）歌にならない人間の感覚といふものは、絵に描くことが出来ぬ風景よりも更に多かつた。それで旅行が幾らでも自由になつて後まで、名所といふものが幅を利かして居たのである。

（『明治大正史世相篇』傍点柄谷）

こういう風景論は柳田以前には類をみない。ことに、風景を「人間の作るもの」とみる点に、柳田の洞察がある。人間が作るというのは、人間が任意に加工したり造型するという意味ではなく、ただ代々にわたって徐々に人間の実践が累積してきたものだという意味である。柳田の考えが卓越しているのは、風景だけでなく、風景をみる眼そのものも作られてきたものだという把握においてである。

要するに、柳田は自然環境を、累積的な文化として、すなわち歴史として見出している。風景を文化としてみることは、いいかえれば文化を風景としてみることでもある。つまり、柳田はcultureを、「作るもの」として、いわば動詞形（cultivate＝耕す）としてみている。存在（名詞）としての文化――すなわち文化財とか名所といったもの――は、柳田にとって論外であった。

風景を論じて柳田のいわんとすることは、一つには、天然あるいは所与とみえるものも人間の生存とわかちがたい歴史的所産だということと、そうである以上風景の荒廃は人間的荒廃にほかならぬということである。しかし、さらに重要なのは、風景をみる眼そのもの問題である。風景は現にここにある。だが、ひとびとは日本三景というような名所旧蹟を追いもとめて、眼前にある風景をみない。それは、風景が究極的には視覚ではなく、言葉によってみえてくるものだからであり、「歌にならない人間の感覚」、つまりまだ言葉にされていない言葉（内的な言葉）を柳田はみようとしているのである。

このことは、いいかえるなら、「歴史に記録されていない人間の歴史」をみることだ。風景の発見はいわば常民の発見である。だが、これは、逆に、常民がなんらかの歴史的主体ではなく、ただ「作る」あるいは「耕す」という動詞形においてのみあるということを意味する。柳田にとって、たとえば常民を自立させるなどということは形容矛盾にすぎない。常民とは、「絵に描くことの出来ぬ風景」、「歌にならない人間の感覚」と同じであって、画家や詩人が既成のパターンを破って実在を開示するように、歴史家がたえず発見しなおしていかねばならぬ歴史なのだ。以前は常民はいたが今はいなくなりつつある、などというのは馬鹿げた考えなので、われわれはそれを人間の実践——必要（必然）にせまられ且つそれと知らずに累積的に人間と自然を変えて行く実践として、すなわち動詞形においてみなければならない。そこにおいてはじめて、常民は真の意味で歴史なのであり、それは「常民が歴史を動かす」とか「常民は歴史に埋没している」とかいうような考えとはまったく無縁なのである。

二

先に引用したように、柳田は民俗学を「自然史や天文学と同じ」で、「記述の学問」だといっている。このことは、現在の通念からみると奇妙に映るかもしれない。なぜなら、自然科学は「記述の学問」ではなく、数学的定式化をめざすものだと考えられているからだ。しかし、このような通念ほどあやまったものはない。

たとえば昨秋ノーベル賞を受賞した動物学者ローレンツは、次のようにいっている。

……いわゆる自然科学の厳密性は、その対象の複雑さや統合水準には少しも関係がなく、結局は研究者の自己批判やその方法の明晰さにかかっている。物理や化学はふつう「精密科学」と呼んでいるが、それはほかの自然科学に対する中傷である。たとえば、自然研究は数学を含んでいるほど科学的であるとか、科学の本質は「測定できるものを測定し、測定できないものを測定できるようにすること」であるというようなおなじみの発言は、認識論的にも人間的にも科学をもっともよく知っているはずである人の口から発せられるもっとも馬鹿馬鹿しいナンセンスである。

このような知ったかぶりが誤っていることは今証明できるが、にもかかわらずそれは今なお科学像に影響をあたえている。できるだけ物理学に似た方法を用いることは現代の流行であり、しかもそれは、その方法が当の対象の研究に成果を約束するかどうかはどちらでもよいのである。物理学も含めていかなる科学も、記載をもってはじまり、記載された現象を整理し、それからその中にある法則性をひき出す。実験は、抽象された自然法則の検証に役立つので、ひとつながりの方法の中で最後のものとなる。すでにヴィンデルバントによって、記載段階、体系化段階、法則定立段階と名づけられたこれらの段階は、あらゆる自然科学が通らなければならない。

（コンラート・ローレンツ『文明化した人間の八つの大罪』傍点原文）

このような通念は人類学者にさえ浸透している。柳田はたんに記載しただけだ、大切なのはそれを理論化し体系化することだというような主張がもっともらしくまかりとおっている。しかし、どんな学問であれ、あくまで「記載」が基礎であり、そこにはじまりそこに帰ってくるべきことを忘れてはならない。

柳田の論文が文学的だという指摘は、肯定的であれ否定的であれ、一つの共通した錯覚にもとづいている。文学は明らかに「記載」である。だが、モンテーニュやドストエフスキーの「記載」は、今日の心理学者や哲学者よりはるかに深く人間をとらえている。そこには生理学、心理学、意味論等々の分類はないが、逆にそれらの分類が実は便宜上にすぎず、根本的には切りはなすことのできないものだという自明の理を想起させるだろう。どんなに抽象化し微分化した学問も、結局そういう記載をはなれては存在しえない。

ファーブルの『昆虫記』はつねに新鮮である。それは文学的だからではなく、「観察と記載」に徹した最初の科学者の眼をもっているからである。それは「文学」ではないが、文章として明瞭な文体をもっている。記載を基礎とするということは、いいかえれば、文体《スタイル》をもつということであり、文体をもたぬ理論などありはしない。ローレンツの指摘するような通念は、中性的なスタイル、すなわち数学的表現にすべてを還元することが科学的だというような誤解によっているにすぎない。

たとえば、森有正によると、フランスの初等数学教育では、$(a+b)^2=a^2+2ab+b^2$をaプラスbの二乗云々と記号を読まないで、フランス語で表現させるという。そのとき、数学教育さえも柳田のいう「国語教育」となるのだが、この教育がふくんでいるのは、数学もまた言語表現であり文体にほかならぬという認識である。

私が「柳田国男の文体」を問題にするのは、彼が詩人だったとか、詩的感受性をもっていたといった理由からではない。そのような通念に対して、私はこう答えるだろう。文体《スタイル》をもたないエセ詩人(文学者)はいくらでもいるのだ、と。文体は、先に述べた方法性と切りはなすことができないのであって、方法性を有さぬ詩人（文学者）はもはや文学者ではなく、ただ専門的な修辞家にすぎない。柳田の方法性という問題は文体の問題にほかならず、そのようなレベルにおいて見いだされるべきものである。

私の知るかぎり、その点を注視しているのは寺田透だけで、彼は折口信夫と柳田国男の文章を比較して次のようにいっている。

……たとへば手織木綿のやうな、個人の手になるものだが変にしゃれたがらなければ、着手は誰と限らぬ丈夫な品だといふ、柳田氏の文章の特質が出て来るのである。といふより、そんなごわごわして、しかもしなやかな、複雑な色目の着物は借り着に着るわけには行かない、本当に着こなせなければ、もらっても為様はないものと言ふべきだらうか。事実、柳田さんには、折口門下のやうな目だつ為事をするお弟子はひとりもゐないやうである。

たとへばなしはともかくとして、「私」といふことを滅多に言はず、「吾々」とはいふが、その他の形では話す主格をつとめて隠そうとしてゐるかのやうに疑はれる折口氏の文章とはひどく違って、柳田さんの文章に、「私」は非常に多い。しかしさういふ柳田さんの文章の方がはるかに我執を感じさせないのはどういうわけかといふのが、ひっかかって出る問題だらう。

それには直接は答へられぬにしても、考え書く主格として「私」を頻繁に筆にし口にする柳田さんの文章の中から、匂ひ濃くせまって来るのは、誰といふことはないが、しかしどれほどの数なのか断言できぬおほぜいの人間が生活してゐる日本の山村海浜の実在であり、断じて柳田さんそのひとの性分や癖や知識体系でないことははっきり言へるのだ。

ここいらに折口信夫の為事と柳田さんの為事を分ける一番大きな差異がある。


（「うぶすなと呪詞神」）


柳田は私的でありながら、「我執」を感じさせず、折口はちょうどその逆である。このようにいうとき、寺田氏は、民俗学は「自己省察の学問」だという柳田のなかにモラリストをみているのだといってもよい。

「自己省察」とは、いうまでもないが、せまい意味での反省ではない。そのような反省は自意識にすぎず、どこまで行っても自分自身のなかにとらわれていて、開かれない。柳田が「私小説」に反対したのはそのためだが、しかし私はむしろ逆のことを思う。「私小説」は志賀直哉や嘉村礒多のような極点にまで行くと、もはや「私」のことなど一つも書いていないようにみえるからである。それはまったく私的でありながら、それにもかかわらずまったく無私のようにみえる。

こういう逆説は、むろん性質はちがうが、柳田国男の文章についてもあてはまる。それは、彼があくまで「私」から出発して、「私」という地層に深く降りて行き、「私」をこえたひろがりに到達しているからだ。むしろ逆に、そのようなひろがりの中に「私」があるというふうに感じられる。私は柳田の文章を読んでいるとき、言葉の幾度ともなくつみ重なった過去の上に「私」があること、そういう堆積の上にはじめて「私」が存在するのだということを感じる。

重要なのは、そのように私が理論的に知るのではなく、いわば想い出すというかたちで知るということなのだ。子供のころに遊んだ「カゴメ、カゴメ」の遊戯が、すでに廃れて子供の遊びとしてのみ残存する祭式であろうという柳田の文章は、私に何かを想い出させる。それはけっして理論的な知識ではなく、私自身の経験のなかに深々と存在するものへの直観である。どんな〝客観的〟な叙述も、このような感覚を喚起してくれはしない。それらはあくまで私自身から疎遠な外在的な知識としてとどまる。

常民とはなにかという定義を、柳田は厳密には一度もしていないが、彼の文章はそれを外的な対象としてでなく、私自身のうちのなかに感受される。もっと正確にいえば、そのような累積のなかに「私」が在るのだということを感じさせるのである。

三

柳田の文体は私的でありながら、まったく私的でない。それは、たとえば柳田が個人という契機を没却しているようにみえることと関連している。そこには「いかに生くべきか」という問題はない。柳田自身がまさにそれを学問の目的としているにもかかわらず。それゆえに、柳田は共同的なもののみをあつかい、特定の個人、あるいは個体的契機を無視しているという批判が、さまざまなかたちでなされている。

だが、そういう批判は見当がくるっているのだ。なぜなら、柳田ほど「私的」な思想家はいないし、実はそのような意味での「私」の発見こそが、民俗学を「自己省察の学問」といわしめたものだからである。「個人の確立あるいは解放」といった方向においてものを考える人間は、ついにそのような「私」を見出さない。あるいは、「私」をこえてある深く広いひろがりを見出さない。

柳田は合理主義者でも反合理主義者でもない、と私はいった。合理主義は世界を合理的なものと想定するものであり、反合理主義はその逆である。しかし、柳田にとって世界はそのいずれであるかわからないものであり、ただそれに向かう方法的思考にのみ合理性をみとめているにすぎない。それは、主観的と客観的、個人的と共同的、近代的と反近代的というような、柳田に適用されるもろもろの対概念が、すべて彼の立つ場所を見のがしていることと関連する。

柳田において、近代とはなにか。それはただ彼の方法的意志を意味するので、近代主義とも反近代主義とも無縁なもの、つまり動詞としてしかありえないものだ。個人とはなにか。それを近代的自我とか個人主義といった概念をすてて考えてみれば、柳田の考えている場所がはっきりみえてくるだろう。個人などというものはない、しかし個人的でない何ものも存在しないという両義性が。

そして、この両義性（アンビギュイティ）の場所をみないとき、ひとはたやすく相反性（アンビヴァレンス）におちこんでしまい、そこで個人対共同性というような堂々めぐりの果てしない議論に終始するのである。そこには真の意味での「内省」はない。「神と人間」というとき、折口信夫は柳田にはないような対立概念を導入している。だから、折口の方が〝論理的〟〝合理的〟〝客観的〟なのであって、彼は〝直観的〟な外見をもちながら根本はきわめて思弁的である。それは民族学者への彼独特の共鳴にもあらわれており、また前章でいったように、「民族教から人類教へ」と神道を〝論理的〟に発展させてしまうところにもうかがわれる。

柳田がそうしないのは、たんに実証主義的方法をとったからではない。「方法」とはそのようなものではなく、柳田の思考の核心に見出されるべきものである。『日本の祭』には、最初は共同的な祭りが経済的な変遷とともに私的なものへ転化していったというような、一種の史観があるかにみえる。しかし、これは折口信夫のように理念化された史観ではない。柳田は古代についていっているのではなく、ありふれた田舎の小さな祭りについていっているのである。

最初に先づめい／＼が子供の頃から、もしくは現存の年長者たちの、たゞ神様と謂つて居るものが、何をさして居るかを考へて見るがよいのである。何神何処の神と色々あつても、村には神の森又は御宮といつて通ずるものは一つしか無かつた。二つ以上の門党が合同して大きな祭を営むやうになつて、特に鎮守といふ言葉も生れたけれども、是は漢語だから新しい名称である。女や年寄には依然として、氏神又はうぶすなといふ名が親しみを持ち、それが又各郷土の信仰の、争ふべくも無い中心であつた。

(『日本の祭』傍点柄谷)

このような「神」は、子孫の暗黙の願いをきき、その暗黙の報謝をうけてくれる親しい身近な存在である。これは、折口における神道の「神」が何か絶対者の趣があったのと対照的である。柳田が『日本の祭』で強調しているのは、祭りの本質がいわゆる祭りの熱狂とは正反対の、あまりに静かなところにあること、それはまず「こもる」こと、さらに神への供物を食べて神と一体化することである。

これは柳田も言及しているように、カソリックの聖餐の儀式と類似している。原始キリスト教あるいはプロテスタンティズムとちがって、農耕社会に根をおろしたカソリックのなかに、柳田はおそらく類似物をみていた。その神は、なによりも「和解と愛の神」であり、「怒りと裁きの神」ではなかったのである。

私などは見物の衆も来ず、誰に見られて居るといふ予想も無い島や山間の村の祭の方が、少なくともより古い形を多く残して居ると推測するのである。

一旦是が公人の常の所作と認められて、祭に仕へる者までが斯うすればよいと思ふやうになつて、忽ちに儀典の外貌が改まつたのみか、内部の感覚も亦漸く影響を受けて、見物の群衆が祭の中心のやうになり、見物の少ない祭は極度に淋しいものになつてしまつた。昔から此通りであつたと考へることは大きな誤りで、立礼脱帽などは今日の所謂洋服流行より、古い現象では断じて無いのである。過去の信仰が今見る国民文化の特長に、たとへ一部でも参与して居ると云ひ得るならば、其信仰がちやうど変化しようとして居ることを、冷眼に看過すことは出来ない。固より是がよいとか悪いとかいふことは、容易には言へることでない。世の中が改まれば斯うなつて行くより他は無いのか、但しは又避け得られる道が有るのに避けなかつたのか。其点は実はまだ私なども決しかねて居る。しかし少なくともどうでもいゝ気遣ひだけは無い。世人の無関心は言つて見れば無知から来て居る。自ら知るといふ学問が、今日はまだ甚だしく不振なのである。

（『日本の祭』）

『日本の祭』は昭和十六年の講演の草稿なのだが、たとえば右の部分は「故障があつて講演を中止し」た章に書かれている。「故障」が何であるかはいうまでもあるまい。柳田の考えでは、伊勢大神宮のようなものは認めがたく、「立礼脱帽」などは愚劣というほかなかったのである。しかし彼の批判は、祭りあるいは信心一般を否定することではなく、「小さき者」あるいは「小さな祭」のなかにマツリの本質があるということに存する。

祭りが私祭となり且つ国家的な祭りとなっていく過程は、いわば「もの」の喪失の過程である。

しかし注目すべきことは、柳田がそれに対してなんら理念的な批判をしていない点である。それは、「経済的変遷」を根本的にみのがしているからである。いいかえれば、「世の中が改まれば斯ぅなつて行くより他は無いのか」どうかは、「決しかね」るのである。《我々は単に昔は今日の通りでなかつたことを知ればよいのである。さうしてもし出来るならば、如何にして斯く変遷することになつたかを、もう少し的確且つ簡明に、同胞の誰にでも説き得るやうに、心掛けて居ればそれでよいと思つて居る》。

ここに「知は力なり」（ベーコン）という認識があることはいうまでもない。柳田は、「共同の祈願」であった信心が、私的な利害に関する信心に変わっていった過程、あるいはそれと同時に「大きな祭」（鎮守）が発生していった過程を、厳密にはよいとも悪いともいわない。またそれを「歴史的必然」だともいわない。それは「風景」についていったことと同じなので、人間の日々の実践が、つまり必要にせまられた人間の活動が存するかぎり、その変化は必然であり、柳田はそのような必然以外に、「歴史的必然」なる抽象をみとめないのだ。

彼のいう「積極的楽観」の姿勢は、このような認識と結びついており、その姿勢は根本的に変わらなかった。《自分たちは文化史の学徒としては、普通以上の楽観派である。但し其楽観は決して消極的のものでは無い。打棄て置いても段々によくなるなどと考へたことは無い。我々が何かしさへすれば世の中が住みよくなるといふのである。だから何かしようといふのである》（「青年と學問」大正十四年）。

ところで、『日本の祭』で最も興味深いのは、「共同の祈願」から私的な祈願へ信仰が変わっていくことを、柳田がたんに共同体の解体、私的利害の露出というような理由、あるいは個人はもともと共同体に対立するといった論理にもとめていないことである。たとえば、ウェーバーは、「世界宗教」すなわち個人主義的な宗教の起源を、共同体内では処理しえない個人の悩み（病気その他）をいやす呪術者によって、各共同体の枠をこえて組織される教会にみとめている（『世界宗教の経済倫理』）。しかし、なぜいかに「個人」の悩みがそのようなものとして出現するのかという疑問は、ウェーバーの説明では解きえない。ウェーバーは「個人」を現代的な意味で考えている。

つまり、ウェーバーはすでに「世界宗教」が実現した形式をその起源を説くことそのものにひそかに適用している。ウェーバーだけではない。われわれが宗教について考えようとするとき、すでに「世界宗教」がもたらしたさまざまな認識——もはや宗教的色彩をもたない政治思想でさえ例外ではない——を暗黙に前提しているのである。

柳田の考えはそうではない。次章で述べるように、彼は「個人」というものの根拠を、もっと別のところに一つの必然として見出すのである。

XI　文体と個人（その二）

一

柳田は『日本の祭』のなかで次のようにいっている。

個人各自の信心といふものが、人生の為に必要だといふ経験は、通例仏教によつて得たものゝやうに説かれて居るが、私などは寧ろ人が家郷の地を出てあるくといふことが、もつと大きな機会であつたらうとまで想像して居る。

つまり、彼は、個人の病気、私的利害というような角度から、個人的な信仰の起源を説かずに、それを「旅人」という在り方に見出すのである。いいかえれば、ひとが個人として存在するのは旅人、すなわちその所属する共同体（ムラ）から切りはなされた生存の意識においてであるというのだ。

ムラの神は共同の神であり、その祭りは「共同の祈願」である。そこに私的な祈願が加わってくるのは、共同体が壊れて個人的な利害とそれが相反するようになったからだといえるし、歴史的にはたしかにそうである。しかし、もともと最初に〝個人〟を考えていないならば、このような考えは必ず「失楽園」の神話に似たものになる。しかも、今日的な意味で〝個人〟をそこに前提することもできない。その場合には、個人と共同性の背立ということを先験的にもちこむことになるからである。

ルース・ベネディクトはこういっている。

一般の人びとは、あいかわらず、社会と個人が必然的に対立するものであると考えている。このことは、概してわたしたちの文明社会では、規則化された社会の活動がそれだけ独立し、わたしたちは、法律が課している規制を社会そのものと考えがちであるためである。(中略)

今まで述べてきたように、あらゆる意味で、社会はそれを構成している個人から切り離された存在ではない。また、どのような個人もその中で生活している文化なしでは、個人が本来もっている可能性のきっかけさえもつかむことができない。逆にまた、どのような社会も、結局、個人の寄与による要素をどこかでもっているといえる。その社会の何らかの特性が、一人の男や女、あるいは子供の行動を除いて、どうして説明されようか。

文化を強調することが、しばしば個人の自律性を否定することとして解釈されるのは、個人と社会の葛藤について今まで考えられてきたことがそのまま受け入れられたためである。（『文化の型』）

「文化の型《パターン》」という考えにかりに疑問があるとしても、ここでベネディクトのいっていることに疑いはない。「人間は社会のなかで個人になる」（『経済学批判序説』）と、マルクスもいっている。彼は、ひとがすでに累積されてきた文化のなかに生まれてくること、したがってその文化そのものがもたらす可能領域においてのみ個人が何かをなしうること、つまり「ひとは解決しうる問題しか提起しない」ことを、すでに洞察していたのである。

柳田が、文学作品に特定の作者がいなければならないという通念を否定したのはこの意味においてである。つまり、彼のいう〝個人〟は、共同性と対立するものではなく、すでに最初から社会的なものである。だが、一定の社会に所属している人間が、その内部にとどまっているかぎり、そのような社会性を意識することはありえない。

ムラを出た旅人は、神から離れるだけでなく、べつのムラの神の支配下に属さねばならない。しかし、そのときにはじめて、彼はひとりであるという意識と同時に、彼が何に属していたかを明瞭に意識する。個人という意識は、したがって、彼がそれに対して無意識だった社会性への意識と切り離しえない。柳田が「旅人」としての在り方に、個人的な意識を見出すのはそういう意味である。

ところで、この場合の「旅」は、今日われわれが考えるものとはまったくちがっている。

タビといふ日本語は或はタマハルと語原が一つで、人の給与をあてにしてあるく点が、物貰ひなどと一つであつたのでは無いかと思はれる。英語などのジャーネーは「其日暮らし」といふことであり、トラベルは仏蘭西語の労苦という字と、もと一つの言葉らしい。即ち旅はういものつらいものであつた。以前は辛抱であり努力であつた。其努力が大きければ大きいほど、より大なる動機又は決意が無くてはならぬ。だから昔に遡るにつれて、旅行の目的は限局せられて居る。楽しみの為に旅行をするやうになつたのは、全く新文化の御蔭である。（「旅行の進歩及び退歩」）

つまり、必要以外の旅はありえなかったのだが、このことは、いいかえれば旅が人間にとって必然的な存在条件だったということである。旅は、すくなくとも完全な自給自足のムラを想定しないかぎり、人間の生存の条件であり、そうだとすれば、すでに最初から〝個人〟としての信仰は不可避的な要素として存在していなければならない。

この場合、旅は一つの比喩だといってもよい。共同体の考察にあたって、柳田は、ひとが共同体のなかで生存することと同時に、共同体の外でも生存せねばならないことを、条件にいれている。この二つはもともと分離しえない。というのは、共同体のなかで、それと合致しえない自己を意識するとき、ひとはあたかもその外におかれたかのように感じるからだ。いいかえれば、「共同体の外に在る」ということが論理的に先立っている。

二

けれども、旅は文字通りの旅であってもよい。少年期の柳田は一種の「旅人」だった。正確にいえば、彼はたえず移住を強いられ、自分の所属《アイデンティティ》を問われる存在であった。旅は、もし生まれ育った地にとどまっていれば気づかない事柄を自覚させる。考えてみれば、人類学は、それが「学」として意識される前は、旅行者の報告であった。その旅行者も、観光旅行者ではなく、宣教師や商人という、いわば必要にせまられた旅人であって、彼らの観察記録の堆積が次第に「学」として自覚されていったのが人類学にほかならない。

人類学は、それがどんな存在理由を主張したとしても、あるいはどんな高級な方法論をそなえていようと、その原初形態である「観察と記載」に本質がある。あるいは、旅人としての在り方に、その本質がある。

柳田のおびただしい旅行のなかで、もっとも重要だと思われるのは、おそらくヨーロッパへの旅であろう。大正十年と十一年に、柳田は国際連盟委任委員としてジュネーブに行き、十二年九月関東大震災の報を受けて急遽帰国するまで、計二年間ほど滞在している。この経験が柳田にとってもつ意味はすこぶる大きいといわねばならない。

第一に、柳田はこのときはじめて〝人類学者〟としての視野を得たということができる。「委任統治」という仕事の性質から、柳田は南洋諸島の存在を身近に、しかもグローバルな視点からみたのであって、帰国後の講演「青年と学問」に明瞭にうかがわれるのは、日本列島を南洋諸島と同位にみようとする認識である。委任統治が、日本も加わった列強の帝国主義的分割の一環だとすれば、柳田は全然それとは相反する認識を得て帰ってきたことになる。レヴィ＝ストロースがいうように、人類学はもともとそのように相反する二重性を刻印されている。しかし、柳田が次のように書くとき、ヨーロッパの人類学者とはいささかちがっていた。彼は南洋諸島の問題を、そのまま日本列島の問題としてみたからである。

故に単なる蒐集採録を以て能事了るとせず、集まつた材料を静かに書斎に於て整頓し、又その経験を携へて再び出て捜索し観測するならば、其収穫は当然に外国に倍加すべきで、行く〳〵は独り同胞日本平民の前代に付て、より精確なる理解を得るに止らず、更に之を他の比隣民族の生活と比較して、後始めて日本人の極東殊に太平洋に於ける地位、所謂有色人種の互の関係などが、明白に誰にでもわかることであらう。又必ずしも急に明白とまでは行かずとも、少しでも多く知れば少しでも親しみが増して来て、同情が起り従つて理解が可能になる。小さな島々には助けに乏しい住民が居ること、彼らを苦しめ滅さうとする粗暴なる文明力は、西から来ようと東から来ようと、又我々の中から現れようと、必ず抑制しなければならぬことを感じて来る。又是と同時に、民族の弱点がどこに在り、強みが何れに在るかもわかつて、国として結合しなければならぬ程度方法も明らかになる。子弟同胞を本当に幸福にする手段も見出される。之を要するに将来世界の日本人としての支度が出来るのである。

（「青年と學問」大正十四年。傍点柄谷）

柳田が晩年に『海上の道』で展開したような認識は、太平洋諸島と日本列島を結びつけてみたこの時の直観にもとづいているといえるかもしれない。それは、たとえば折口信夫が直観的に海の向こうに「妣《はは》の国」を発想したのとはちがって、すくなくともヨーロッパ大陸の地に立たねば実感しえないような洞察である。

さらにいえば、柳田が日本を「島」としてとらえたのもこの時期であるといってよい。「島の文化史上の意義」はむろんだが、晩年の柳田国男が日本人を致命的なインシュラリズム(島国根性)だといったことにも、この時の経験がそのまま生きているように思われる。

今まで気が付かなかつたが日本人の群居性は、外国に来ると殊によく現はれる。誰彼の見境ひも無く国の人にさへ逢へば、やれなつかしやと互ひに近よつて、日頃のうさ晴しに綿々と語らうとする。是では半年や八月は何もしないで過ぎてしまひ、相変らず新米の飛入りで、来年も爰《ここ》へ来てまごつかねばならぬ。是はどうしてもわざと孤独になつて、辛抱のつゞく限り此あたりに居ることにしようと思つて、後日田中館《たなかだて》先生や姉崎教授の実行せられたやうな、毎年来往といふ快活な計画は私は立てなかつた。

(「ジュネーブの思ひ出」昭和二十一年)

日本人の「渡り鳥」的性格というようなことも、たぶんこの時の経験からくるだろう。しかし、柳田にとってもっとも重大な経験は、「言葉が根本の問題だということを、痛切に考へずには居られなかった」ことである。

小さい頃から日本人の物の考へ方が、ひどく欧米の流儀とちがつて居ることを、毎度私などは語り聴かされた。是は一つには学問がやゝ職業化しすぎ、表現のそれに専属するものが出来た中世風の残留で、民族性などといふ程に不変なものでも無く、又之を突破つて合流しなければ、世界人にはなれぬこともよく判つて居たが、もう自分のやうに骨の髄まで、日本式になり切つた者は、今更さういふ模様替は出来ない。やはり幾らかでも有る特徴を活かして、向ふの不得手な部分を補充するやうにしなければならぬのだが、それには相変らず言葉のちがひといふことが、人を悩ます最大の問題であつた。

ちやうど其頃連盟の中に起つて居たエスペラント公認案に、私が並以上の関心を寄せた動機は単純なものだつた。是なら自分でも思つたことが言へる。さうして小国は大事にせられ、外交官で無い代表連は皆苦しんで居るのだから、たとへ仏英語と肩を並べられぬまでも、もう少し自由な使用が認められるかも知れぬと思つた。

（「ジュネーブの思ひ出」傍点柄谷）

日記にも明らかなように、柳田はエスペラントを勉強して、「是なら自分でも思つたことが言へる」ほどになっていた。エスペラントの限界性を知りながら、彼は戦後においてもやはりその必要を感じている。このような言葉の不平等性に関して、近年マーガレット・ミードは、どこか少人数の民族の言葉をもとにした世界語を緊急に作る必要を力説している。そのなかで彼女は、エスペラントは依然ヨーロッパ人にとって有利であること、さらにこのような人工語には自然言語にあるような redundancy（冗余）が欠けているために失敗したといっている。とはいえ、柳田がエスペランティストになった動機には、たんに彼自身の言葉の不自由だけでなく、世界で三千あるといわれる言語が主要言語によって滅ぼされていく現状に対する人類学者としての発想がある。

ある意味では、このことは、日本国内に向かったとき、柳田が「標準語教育」の〝暴力性〟に一貫して反対したことに対応している。それも、思うことがいえないで劣等感にさいなまれる人々をつくり出すことに対してだけでなく、方言がそれ自体ふくんでいる多様な感受性や認識を滅ぼしてしまうことに対する、反対であった。ここには、「小さき者」への同情だけでなく、言葉というものへの根本的な見方のちがいがひそんでいる。

三

言葉はたんにコミュニケーションの手段ではない。つまり、なんらかの対象・事態・思念を言葉で伝達するというものではない。その逆に、言葉（母国語）は、われわれの考え、感じ、行動することの根そのものにある。そうであるがゆえに、われわれは通常はそのことを意識しない。それはいわばオルテガのいう「信念」の層にある。

そのことをわれわれが切実に知るのは、ムラから出るとき、すなわち外国にあるときである。そのときわれわれは、自分がまったくひとりであることを、それと同時にわれわれが感じ考える仕方、いいかえれば、われわれは意識的にはどんな信仰ももっていなくても、日本語というものにおいて、「信念」をもっている。それが「信念」だとはすこしも気づかないとしても。ひとが個人となるのは「旅人」としての在り方においてだと柳田がいうとき、それはけっして古代の話ではありえない。

ヴァレリーは、オランダに住んで思索したデカルトについて、次のようにいっている。

デカルトにオランダ語が分ったかどうか、私は知らない。デカルトにオランダ語が分らなかったのであってくれればよいがと私は思う。自己のうちに閉じこもって物を思うためには、また正確に限られ内なる世界と切りはなされている外なる世界を明瞭に限界づけるためには、自分のまわりの生活の場面を支配し秩序づけている約束ごとを知らずにおるということ以上に、好都合なことがほかにあろうか。またそのこと以上に、ひとを孤独にすることがほかにあろうか。哲学者の仕事にとっては、ものを理解せぬということが、不可欠なことなのである。哲学者たちは、どれかほかの星から地上におちてきた者でなくてはならず、永遠の他国者でなくてはならない。かれらは全くあたりまえの事物にびっくり仰天することを学ばねばならないのである。

（「オランダからの帰り道」）

コギトという自覚は、現代の人類学者の非難にもかかわらず、母国語から離れて生きたデカルトにおいて見出されたことを忘れるべきではない。それは、そのような経験を離れると、たちまち主体とか主観といった概念に変容されてしまうほかないのである。

旅人が異国において見出すのは、たんに風景の差異ではない。重要なのは風景が根源的に「言葉」と結びついていることだ。もしそういう言葉を理解できないかぎり、風景はデカルトのいったような延長にすぎなくなる。近代科学（物理学）が前提するのは、いわば言葉をはぎとった風景なのである。

柳田がヨーロッパで見出したのは、同じことの裏返しであるが、言葉がいかにわれわれの根幹にあるか、われわれがものを見、考えることの根底にあるかということだったといえる。柳田のいう「固有信仰」とは、ひとがさまざまに選択しうる宗教のことではなく、そのように見出された言葉にほかならなかった。

四

すでに言及したように、少年期の柳田の感受性は、道具としての言葉ではなく、その「内の感覚」に対してきわめて敏感だった。彼が直観していたのは、言葉がたんにものの名ではなく、人間と自然の必然的な結び目であり、ひとが言葉を使うというより、言葉においてひとがあるということであった。

たとえば、関西から関東へ柳田は移住したのだが、同じような経験をもつ私は、言葉を変えることが人格のかなりの部分にまで影響するような気がする。元の言葉を次第に使わなくなり忘れてしまうと、その言葉が内包していた感受性も消滅してしまうからである。そうだとすれば、言葉とは別個に、心理学的に対象化しうる感情や感受性があるのではなく、逆に心理学こそ実は言葉にもとづくのだというべきである。

土居健郎の『甘えの構造』や木村敏の『人と人との間』はそういう発想によるもので、日本人の精神病理を日本語とそれが背負う〝歴史〟のなかで解明しようとした、先駆的な試みである。日本人には一般的な心理学が適用できないのではない。その一般的な心理学そのものが、たとえばドイツであれば、ドイツ語と切り離しえない人間の経験を抽象化してきたものだからである。とくにハイデッガーに示唆された心理学者はそのことを自覚している。しかしそれを日本人に機械的に適用すれば、患者の病の内側に入りこめず、さまざまな外在的な分類を付して見当ちがいな対象像を構成することになる。これでは治療はできない。だが、それはたんに心理学だけでなく、その他の「人間的なもの」に関する全領域にあてはまる問題なのである。

柳田が農政学者の時代から腐心してきたのは、ドイツの制度の形式的な適用が、当面する農政の根本問題を解決（治療）できないのみならず、ますますそれを紛糾させているという事態に対して、日本の現実に根ざした農政学を確立するということであった。これはドイツの農政学がまちがっているということではない。ただ日本の官僚・学者の、言葉を換えればそれとひとしい現実が存在するかのような考え、そして次にそのようにして存在した現実にとりくむという考えがまちがっているのだ。この錯覚はコミュニストや市民主義者にもあるが、すでに奈良朝時代の官僚・学者においてその傾向は典型的に示されている。

柳田が自らの学問を「新国学」とよんだのは、本居宣長の意図と共通する所があったからだが、宣長が、国学という必要はない、ただ学といえばよいと考えたように、柳田にとってもそれはただ「学」にほかならなかった。

一方が普遍的であり、他方が特殊的ということはありえない。哲学とは、いわば国語の反省にほかならない。それゆえに、哲学上のアポリアが、その国語の性質そのものからくるということを、ニーチェ、ベルグソン、ヴィットゲンシュタインといった人々はつとに気づいていた。つまり、ヨーロッパ哲学のわなは、ヨーロッパ語そのものに内在している。しかし、たとえば主語（主体・主観）を自明とするヨーロッパ語の性質が、その思考を決定論的に支配しているわけではない。その証拠に、まさに右のような思想家がいる。そして、われわれがヨーロッパ人から学んだのは、ヨーロッパの普遍性ではなく、「方法」としての普遍性である。

どの文化も相対的であり、隔絶しているという考えを私はとらない。柳田が「日本民俗学」として「固有信仰」を解明しようとしたのは、それによって人間《アントロポス》を解明せんとしたのであり、けっして日本独自のものを発見しようとしたのではない。「世界人」たらんとした柳田は、それを日本の〝歴史〟の解明によって果たそうとしたのであり、彼の姿勢は、実質的には閉ざされた島国の幻影のなかで「世界思想」を語る者たちに比べて、根本的に開かれており醒めきっていたのである。

ところで、漢文および漢文化を導入したとき、上代の知識人が陥った「錯覚」は今日まで継続しているが、それに対する批判などは実はとるに足らないし、批判したところでどうにもならない。それについて考えるには、われわれは「言葉」そのものについて考えなおしてみる必要がある。

農政学者時代の柳田にとって、〝現実〟とは、実際の農民の生活と所有の形態にほかならなかった。が、民俗学者としての柳田にとって、〝現実〟とは言葉であった。いいかえれば、そのようなものとしての言葉の発見が、「飢饉を絶滅させる」という実際的な仕事よりも、いっそう〝現実的〟な仕事として民俗学を見出さしめたのである。これは農政学者・官僚としての挫折という面だけから考えることもできないし、たんなる方向転換ということもできない。

この転換には、言葉に関する考えそのものの重大な転換がひそんでいる。言葉は、もはや現実物に対応する名ではなく、むしろそのなかにひとが生きるところの〝現実〟とシノニムなのである。「言葉の内の感覚」とは、だから、言葉とべつにある心理的なものではない。それは、この世界（自然）に対する人間の関係そのものであり、われわれはそのようにしか世界を経験しないのである。

もしそこに、言葉の「共同の忘却」が生じるとすれば、それは偶然ではなく、そのような関係自体の変化が基底にあるということである。

一例をあげれば、柳田は蛭《ひる》・蛾《が》・蛹《さなぎ》・蒜《ひる》・カイコといったものが、もともとは「ヒヒル」という同一語で呼ばれていたのではないかと推定している。これはそれらの方言の比較研究からの推論で、「蛭に吸われ又は蒜にかぶれてヒリヒリとする感じ」を、それらの対象物一般の名称としていたというのである。

むろんこのような推定自体に意味があるわけではない。これらの名称の分化が生じたのは、たとえばカイコを飼うことがはじまるとそれに特別の名を与えねばならないように、「人と事物との交渉」が深化するとともに、細分化し各地で変形されていったためである。

桑の実のことを、クハイチゴという地域が日本の各地域にわたっている。柳田は、そこから推論しながら、次のようにいっている。

> 人が桑の実の苺《いちご》に近いことを注意し始めたのが、もしも私の思ふ如く、桑の木の占有栽培に伴なふものであつたならば、此方言の分布状態は、乃ち間接の日本養蚕史料といふことが出来る。（「桑の實」）

柳田がここで示すような「史料」は、これ以外に探す手立てがないような史料である。柳田の考えでは、まさに言葉こそ〝歴史〟、つまりかつてあった〝現実〟を、すでにその「内の感覚」がわからなくなったのちにも保存するのである。このような考察は、言葉を道具や記号その他としてでなく、いいかえれば言語学者の考えるような言語としてでなく、人間が実存し行動することと切り離しがたいものとしてみる、柳田の言語観からくる。

この言語観は、たぶん柳田が意識していた以上に、宣長のそれに類似している。周知のように、宣長は、「言」と「事」と「心」、すなわち人間の言語・行動・精神を密接に相関するものとみていた。そして、いうまでもなくそのなかで「言」を最も重視していた。

すべて意も事も、言を以て伝《ふ》るものなれば、書《ふみ》はその記せる言辞《ことば》ぞ主《むね》には有ける。

凡て人のありさま心ばへは、言語《ものいひ》のさまもて、おしはからるゝ物にしあれば、上代の万《よろず》の事も、そのかみの言語をよく明《あき》らめさとりてこそ、知べき物なりけれ

（『古事記伝』）

宣長にとって、言葉が伝える事実ではなく、その言葉自体が大切だった。なぜなら、

「言語のさま」にこそ、人間が感じ、考え、生きることが凝縮されているからである。彼は「道」を明らかにすることを「学」の目的としたが、「道」が何であるかという問いからはじめなかった。「そのかみの言語を明らめさとる」こと、あるいは「もののあはれ」を知る粘りづよい考証の仕事がすべてだった。「道」は、「道」として示されるのではなく、そのような言語《ものいひ》の「内の感覚」を通して了解されるからである。いいかえれば、宣長は思想をなんら積極的な「思想」として語らなかった思想家である。

柳田もまた、そのような思想家だったといってもよい。しかし、それは必ずしも宣長の影響とはいえない。おそらく柳田自身は、宣長を批判し、まったくちがった道をとりながら、その姿勢において宣長と同じ地点に到達したのである。

宣長は、老子の説によるという批判に対して、そうではないといいながら、次のように答えている。

さるはまことの道は、もとより人のさかしらをくはへたることなく、皇神《すめかみ》の定めおき給へるままなる道にしあれば、そのおもむきをとかむには、かれが、さかしらをにくめる説は、おのづから似たるところ、あへるところ有べきことわり也、（『玉勝間』）

同じいい方をすれば、柳田は宣長とただ、「おのづから似たる」だけだったかもしれない。いわば、柳田は宣長を拒絶することによって、彼に出会ったのである。

柳田は何ひとつ積極的な「思想」を語らなかった。現存する「言」の綿密な比較考証を通して、「事」と「心」に深くわけいっただけである。だが、それこそ彼の思想にほかならない。それは彼の片言隻句や、彼が立ててはくずし、くずしては立てた理論的「仮説」にあるのではない。「思想」を語った数多くの近代思想家のなかで、柳田という思想家は、「内省」という姿勢をつらぬくことによって、人間とは何であるかという問いを問うた。彼の業績の多くはのりこえられて当然である。しかし、人類学者でも民俗学者でもない私が魅きつけられるのは、柳田国男という名の精神にほかならないのである。

柳田国男の神　一九七四年

パスカルは、デカルトについて、彼は本当はできたら神なしにすませたかったのだといっている。彼には、デカルトがとった論証という形式そのものが、信仰というものに背反するように思われたのである。しかし、これは誤解というほかはない。のみならず、パスカルにおいても別の批判の余地がある。それは、彼にとって、「人間の条件」を明らかにすることが問題なのか、それともただちにそれを楯にとって信仰の必要を説くことが主眼なのかあいまいだからであり、後者においてパスカルはたんなる護教論者にすぎなくなってしまうからである。

同じ性質の問題が、本居宣長の場合にもある。宣長は、「余がいふところ、実は心の底には、神といふ物は無き物と思ひながら、御国の古伝をしひて立ために、神ある如くいひなせり」というような批判を浴びていた。むろん彼はそれに対して「大に弁あり」と反論したのだが、私は宣長という思想家がこのような姿にみえてしまうことに深い興味をおぼえる。

たしかに、神道家の眼には、宣長が「道」を、歴史的にフィロロジカル（文献学＝言語学的）に探究することが、そもそも「心の底では」無信仰であることの証左とみえたであろう。また、彼のやり方が、伊藤仁斎や荻生徂徠、ことに徂徠のモディフィケーションにすぎないようにみえただろう。今日の学者ですら、それを指摘して満足している者が多いのである。

　宣長は、徂徠からの影響を否定し、彼の学問が契沖・真淵の先達に負うことを強調している。しかし、そういう反論はすこしも彼の思考を明らかにするものではない。批判に答えようとすること自体において、宣長はその意に反して護教論者の位置におちこまずにはいないのである。彼はまた、契沖・真淵とも決定的に違うということを強調する。だが、彼は、違う、違うとくりかえしていただけだ。なぜなら、その「違い」は、彼の『源氏物語』と『古事記』の研究そのものにあり、またそこにしかなく、その他のどんな言明も結局は空疎な言葉として自分にはねかえってくるものにすぎないからである。

　神について語るとき、ひとは実は神について語っていない。つまりそのように語ることを強いられたとき、宣長はほとんど言葉に窮するほかないところに立っていたのである。実際、『源氏物語』を論じ、「物のあはれ」について語っていたときほど、彼が神について語っていたときはない。「物のあはれ」とは、人間の現実的な存在形態のことである。「道をしる」とは、不倫であろうと背徳であろうと、そのように在る人間的条件を「明らめる」ことにほかならない。「道」は、さまざまな観念が説くところにあるのではない。それは、事実としてあるところのものだ。

　われわれが「人間」について語るとき、すでに「人間」という諸観念のなかで語っている。人間とはこうであり、こうしなければならないというとき、それはもはやわれわれがつくりあげた観念をなぞっているだけであり、かつそのような観念によって見出される事実は、人間的事実the fact of lifeという意味での「事実」ではない。

されば漢国に聖人と云神の出て、其道を作れるは、人事なる故に、人の作れる道也とは云なり。聖人の如きは神なれども人也。故に其作れるは人の作れる也。まことの道は、いざなぎいざなみの神の始めたまひつる道にして、皇国に伝はれり。

（『鈴屋答問録』）

いうまでもなく、宣長は、「まことの道」なるものがかつてあり、またそれが今日の規範としてあるという意味でいっているのではない。それなら、「人の情《こころ》のふかくかゝること、恋にまさるはなければ也」（『玉の小櫛』）というような考え、『源氏物語』の背徳的な（とみるのは、のちの道徳観念にもとづく）個所に、「あはれ」を見出すことなどありえないからである。むろん、逆に、不倫の恋が「まことの道」だといっているわけではない。「まことの道」とは、人間が人間たるかぎりどうすることもできない存在形態であって、それをみずに「人の作れる道」、すなわち諸観念によって裁断してしまうことを、たとえば「からごころ」とよんだのだ。「からごころ」とは一つの比喩にほかならない。

たとえば、兼好法師が、「人はよそぢにたらでしなむこそ、めやすかるべけれ」というのに対して、宣長はこう反撃する。たとえ言葉でそういっていても、誰が心の中で、四十歳になるまでに死ぬのがよいと思っているものか、命を惜しまない者はいやしないのだ、と。「すべて何事も、なべての世の人のま心にさかひて、ことなるをよきことにするは、外国《とつくに》のならひのうつれるにて、心をつくりかざれる物としるべし」(『玉勝間』)。

ここでいう「ま心」も、「まことの道」と同じであって、重要なのは、宣長がそのような「真実」を、たとえば人間が本来的にあるべき状態と考えていないことだ。いいかえれば、それはなんらかの規範ではない。あるいは、「からごころ」や「ほとけごころ」のために、もともとあった「まことの道」が衰微し頽落してしまったという意味ではけっしてない。ひとたびそのように考えられるとき、宣長にとって古学であり、たんに「学」であったものは、いわゆる国学として復古的神学イデオロギーと化すほかはない。

宣長は、ただ「からごころ」をすててみれば、つねに今も「まことの道」はみえるといっているのである。つまり、彼はこういっている。「人間」に関する諸観念をすててあるがままにみたまえ、そのときにみえてくるのが人間なのだ、と。

したがって、もし比較が許されるなら、宣長の眼は、いわばフランスのモラリストの眼であって、彼のエッセイに脈打っているのは、文献的知識でなく、彼が現実に生活している場所での自己と他者に関する省察である。

さて物語は、物のあはれをしるを、むねとはしたるに、そのすぢにいたりては、儒仏の教には、そむける事もおほきぞかし。そはまづ人の情《こころ》の、物に感ずる事には、善悪邪正さま〴〵ある中に、ことわりにたがへる事には、感ずまじきわざなれども、情《こころ》は、我ながらわが心にもまかせぬことありて、おのづからしのびがたきふし有て、感ずることあるもの也。

（『玉の小櫛』傍点柄谷）

人間は自身がそう思っているところのものではない。たとえそう思いこんでいても、「我ながらわが心にもまかせぬことありて」、ちがったことをやってしまっている。むしろそれが「まことの道」なのであり、矛盾していようがいまいが、それが「人間的事実」だと、宣長はいうのである。

そのような省察は、次のような徹底的な懐疑にもとづいている。

すべて神代の事ども、今は世にさることのなければこそ、あやしとは思うなれ、今もあらましかば、あやしとはおもはましや、今世にある事も、今あればこそ、あやしとは思はね、つら〳〵思ひめぐらせば、世の中にあらゆる事、なに物かはあやしからざる、いひもてゆけば、あやしからぬはなきぞとよ、

（『玉勝間』）

要するに、私がいいたかったのは、宣長が追求していたのは一貫して「人間」なのであり、「神」の問題はまさにそこからのみ照らし出され、逆にまた「人間」を照らし出すものとしてあったということである。

柳田国男について書こうとしながら、宣長についてのみ言及することになったが、私はここ一年柳田論を書いていて、柳田国男の問題の核心が最も深いところで、宣長のそれとつながっているという思いがますます強くなってきたからである。むろん、柳田と宣長を直接比較することは無意味であって、柳田は極力宣長をしりぞけようとしていた。これは当然のことだ。事実また柳田の方法はフィロロジーではない。しかし、フィロロジーとはたんなる文献学ではなく、言葉をとおして「事《こと》と心《こころ》」に至る方法だとすれば、柳田は民俗学の実践において、明らかにフィロロジストの精神をつらぬいているといえる。

肝心なのは、両者の影響関係でもなければ、「新国学」（柳田）と宣長との学問的対比でもない。われわれがみるべきなのは、両者において類似し共通する言葉ではない。むしろ

互いにまったく異なり正反対でさえあるような言葉によって語られているにもかかわらず、そこに共通する潜在的な主題なのである。

柳田は次のように書いている。

> 判りきつた事だが信仰は理論で無い。さうして又過去は斯うだつたといふ物語でも無く、自分には斯うしか考へられぬといふ御披露とも別なものである。眼前我々と共に活きて居る人々が、最も多く且つ最も普通に、死後を如何に想像し又感じつゝあるかといふのが、知つて居らねばならぬ事実であり、それが又実際に、この大きな国運の歩みを導いても居るのである。
>
> （『先祖の話』傍点柄谷）

> 固より信仰は理を以て説き伏せることの出来るもので無く、人が背いて行くのを引留めることは困難であらうが、多数の我同胞は感覚に於て之を是認しつゝも、実は之を考へ又言葉にする機会だけをもたなかつたのである。
>
> （『先祖の話』）

柳田がここでいう「信仰」は、ひとびとがそれを意識しあるいは選択したりしうる理論のようなものではなく、「考へ又言葉にする機会」はけっしてないが、ひとが生存するかぎりにおいて無意識に依存しているもののことだ。むしろそれは明瞭化されれば「消滅の危険を多くする」(柳田)ものであり、仏教・儒教・神道といった「理論」ではない。つまり、柳田は、なんらかのかたちで知的に整理された世界像ではなく、人間が在るという「事実」そのものに「信仰」をみようとしている。

「固有信仰」を明らかにすることが柳田の課題だといってもさしつかえないが、いうまでもなくそれは宗教史や宗教心理に限定されるものではない。それはいわば宣長のいう「まことの道」であって、狭義の信仰ではなく、明瞭に言表されないで在る沈黙の言《こと》(言語)、あるいは心《こころ》(精神)、あるいは事《こと》(行為)にほかならないのである。

柳田はむろん「道」という言葉をもちいなかった。のみならず、宣長にあり、折口信夫においてははっきりと顕在化していたような、宗教としての神道とは無縁であった。彼は「神と人間」においてものを考えるかわりに、「自然と人間」という位相において人間をみようとしていた。おそらく彼自身はどんな宗教に対してもスケプティックであった。だが、宣長と柳田の、一見そのような極度の相異にもかかわらず、「人間的事実」を明視しようとすることにおいて、彼らは人間という存在が何であるか、あるいは何が人間を生かしめているかという問いを共有していたということができる。

たとえば柳田は、明治三十五年から大正三年まで法制局の参事官として、特赦に関する事務を扱っていた。それは「皆の嫌ふ仕事」だが、「ところが私だけはそれを面白がつて、いつまでもその仕事をやつてゐて他人にまはさうとしなかつた」(『故郷七十年』)。そのときに読んだ犯罪調書のなかで、とくに彼に印象深かったのが、『山の人生』の第一章に記されている二人の子供殺しの事件である。

今では記憶して居る者が、私の外には一人もあるまい。三十年あまり前、世間のひどく不景気であつた年に、西美濃の山の中で炭を焼く五十ばかりの男が、子供を二人まで、鉞《まさかり》で斫《き》り殺したことがあつた。

女房はとくに死んで、あとには十三になる男の子が一人あつた。そこへどうした事情であつたか、同じ歳くらゐの小娘を貰つて来て、山の炭焼小屋で一緒に育てゝ居た。其子たちの名前はもう私も忘れてしまつた。何としても炭は売れず、何度里へ降りても、いつも一合の米も手に入らなかつた。最後の日にも空手で戻つて来て、飢ゑきつて居る小さい者の顔を見るのがつらさに、すつと小屋の奥へ入つて昼寝をしてしまつた。

眼がさめて見ると、小屋の口一ぱいに夕日がさして居た。秋の末の事であつたと謂ふ。二人の子供がその日当りの処にしやがんで、頻りに何かして居るので、傍へ行つて見たら一生懸命に仕事に使ふ大きな斧を磨いて居た。阿爺《おとう》、此でわしたちを殺して呉れと謂つたさうである。さうして入口の材木を枕にして、二人ながら仰向けに寝たさうである。それを見るとくら〳〵として、前後の考も無く二人の首を打落してしまつた。それで自分は死ぬことが出来なくて、やがて捕へられて牢に入れられた。

此親爺がもう六十近くなつてから、特赦を受けて世中へ出て来たのである。さうして其からどうなつたか、すぐに又分らなくなつてしまつた。私は仔細あつて只一度、此一件書類を読んで見たことがあるが、今は既にあの偉大なる人間苦の記録も、どこかの長持の底で蝕ばみ朽ちつゝあるであらう。

（中略）

我々が空想で描いて見る世界よりも、隠れた現実の方が遙かに物深い。

（『山の人生』傍点柄谷）

『山の人生』は彼にとって最も初期の民俗学の仕事だが、その第一章にそれと直接関係のない、右のような話を書いたことは、農政学者・官僚だった時期にも柳田がどのように考えていたか、そして彼の民俗学のすべての仕事の根本をつらぬいているものが何であるかを示唆するものである。

彼は、夕日が照らしている小屋の外で山男がついふらふらと二人の子供をまさかりで斬り殺してしまうこの光景に、いいようもなく感動している。それは農政学者の眼ではなく、またたんに同情的な者の眼でもない。そこには、いわば物深いものを感受する眼がある。この話を聞いて小説にならないといった田山花袋に、且つ自然主義作家に欠如していたのは、柳田がもっていたような感受性であり、人間的事実というものへの認識である。

柳田はこの事件に「物のあはれ」をみていたといってもよい。犯罪記録を独占的に読みふけっていた彼は、それらの事件が表現しているもの、というよりただ犯罪という事《こと》（行為）としてしか表出されずその内に隠されてしまっている心《こころ》と言《こと》を読んでいた。宣長を読み、フレーザーを読むというようなこととは全然別の、このような柳田の感受性のなかにこそ、彼の民俗学の源泉があるといわねばならない。なぜなら、彼はそれを誰から学んだというわけではないからである。

右の人殺しには、飢饉という自然的条件がある。柳田は自然natureのなかでの人間human natureをつねにみていた。しかし同時に、子を殺した父親の行為のなかに、「悲惨と偉大さ」（パスカル）という両義性をみていたのだ。だが、彼はパスカルのようにただちにそこから「神」を説こうとはしない。柳田はけっしてその先を語らなかった。しかし、むしろ語らなかったところにこそ、もはや「神」という名でよべば消えてしまうほかないようなものを、柳田が生涯にわたって凝視していたといってよい理由がある。

引用出典一覧

引用部の校訂に用いた書目は以下の通りである。柳田国男からの引用は、座談、初期詩篇を除き『定本柳田國男集』愛蔵版（筑摩書房。以下『定本』と略）と校合し、本文字体は新字体に改めた。

柳田国男論

16頁　吉本隆明「無方法の方法」『定本』資料第一『月報合本』、筑摩書房、一九八一年、六頁〔初出は『定本柳田國男集』月報二一、一九六三年〕

19頁　山口昌男「柳田・折口における周辺的現実――民俗学と人間科学」『國文学　解釈と教材の研究』一九七三年一月号、學燈社、一六頁

20頁　柳田国男『明治大正史世相篇』『定本』二十四巻、一九七一年、一九五頁

22－23頁　柳田国男「民俗学から民族学へ」『民俗学について　第二柳田國男対談集』筑摩叢書、一九六五年、五七－五八頁〔折口信夫、石田英一郎との鼎談〕

27－28頁　益田勝美「民俗の思想」『民俗の思想』〈現代日本思想大系〉30巻、筑摩書房、一九六四年、二五頁

28頁5行　折口信夫「先生の学問」神島二郎編『柳田國男研究』筑摩書房、一九七三年、六頁

28頁5－6行、6－8行　折口信夫、同前書、七頁

29－30頁　丸山眞男『日本政治思想史研究』東京大学出版会、一九五二年、一二九－一三〇頁
33頁　花田清輝「柳田國男について」『近代の超克』未來社、一九五九年、二四一頁
35頁　柳田国男「郷土研究と郷土教育」『國史と民俗學』『定本』二十四巻、八〇頁
35－36頁　柳田国男「文化運搬の問題」『定本』二十四巻、四五六－四五七頁
36－37頁　柳田国男「郷土研究と郷土教育」『國史と民俗學』『定本』二十四巻、八一頁
39－40頁　柳田国男「平凡と非凡」『定本』二十四巻、四四六頁

柳田国男試論

45頁　柳田国男「國語の成長といふこと」『國語の將來』『定本』十九巻、一九六九年、三五頁
49頁　アラン『思想と年齢』原亨吉訳、角川文庫、一九五五年、二一三頁
51頁1－3行、4－9行　坂口安吾「日本文化私観」『定本坂口安吾全集』七巻、冬樹社、一九六七年、一四〇頁
53頁　柳田国男『國語史新語篇』『定本』十八巻、一九六九年、四四四頁
57－58頁　柳田国男「昔の國語教育」『國語の將來』『定本』十九巻、四七－四八頁
61頁　吉本隆明「無方法の方法」『定本』資料第一、六頁
62頁　柳田国男「罪の文化と恥の文化」『定本』三十巻、一九七〇年、一二〇頁
64－65頁　柳田国男「國史と民俗學」『國史と民俗學』『定本』二十四巻、四五頁
65頁2－3行、4－5行　柳田国男「民俗學の話」『定本』二十四巻、五〇二頁
65－66頁　柳田国男「新たなる國學」『郷土生活の研究法』『定本』二十五巻、一九七〇年、三二五頁

66頁6－9行　マルクス『資本論』（1）巻、長谷部文雄訳、青木文庫、一九五一年、七三頁
66－67頁　柳田国男「平凡と非凡」『定本』二十四巻、四四六頁
70頁　柳田国男『民間傳承論』『定本』二十五巻、三四八頁
73頁　柳田国男「郷土研究と郷土教育」『國史と民俗學』『定本』二十四巻、八〇頁
75頁　柳田国男「民俗学から民族学へ」『民俗学について』六八頁
76－77頁　柳田国男「郷土研究と郷土教育」『國史と民俗學』『定本』二十四巻、七八－七九頁
79頁　柳田国男「民俗学から民族学へ」『民俗学について』七二頁
80－81頁　柳田国男『民間傳承論』『定本』二十五巻、三四八頁
82頁　ベーコン『ノヴム・オルガヌム』服部英次郎訳〈世界の大思想〉6巻、河出書房新社、一九六六年、二三一頁
84頁　柳田国男「國史と民俗學」『國史と民俗學』『定本』二十四巻、四五頁
84－85頁　柳田国男、同前書、四一頁
88頁　柳田国男「民俗学から民族学へ」『民俗学について』六四－六五頁
89頁　柳田国男「日本人の道徳意識」『定本』資料第二『柳田國男対談集一』一九六四年、二四三頁［桑原武夫との対談］
90頁　マルクス『資本論』（1）巻、長谷部文雄訳、七三頁
92－93頁　柳田国男「郷土研究と郷土教育」『國史と民俗學』『定本』二十四巻、八一頁
98頁　柳田国男「民俗学から民族学へ」『民俗学について』五一頁
101－102頁　柳田国男、同前書、五七－五八頁
103頁　柳田国男、同前書、五八頁

105－106頁　森有正『生きることと考えること』講談社現代新書、一九七〇年、一九－二〇頁

108－109頁　柳田国男「國語教育への期待」『國語の將來』『定本』十九巻、一七八頁

109頁7行　柳田国男、同前書、一七九頁

110頁　柳田国男「民俗学から民族学へ」『民俗学について』五七頁

111－113頁　柳田国男「郷土研究と郷土教育」『國史と民俗學』『定本』二十四巻、八四－八五頁

115頁　ベンジャミン・ウォーフ「科学と言語学」『文化人類学と言語学』池上嘉彦訳、弘文堂、一九七〇年、五四－五六頁

121－122頁　柳田国男「のしの起原」『食物と心臓』『定本』十四巻、一九六九年、三六〇－三六一頁

123－124頁　本居宣長「うひ山ふみ」『うひ山ふみ　鈴屋答問録』岩波文庫、一九三四年、四四頁

125頁5－10行　柳田国男「郷土研究と郷土教育」『國史と民俗學』『定本』二十四巻、八三頁

125頁11－14行　柳田国男『故郷七十年』『定本』別巻第三、一九七一年、五一頁

126頁　柳田国男、同前書、八八頁

127頁　柳田国男、同前書、一二〇－一二一頁

130－131頁　ベーコン『ノヴム・オルガヌム』服部英次郎訳、二三一頁

131－132頁　柳田国男「窓の燈」『氏神と氏子』『定本』十一巻、一九六九年、五〇九頁

134－135頁　フロイト『精神分析入門』『フロイト著作集』1、懸田克躬・高橋義孝訳、人文書院、一九七一年、二三一－二三二頁

136－137頁　柳田国男「窓の燈」『祭日考』『定本』十一巻、二八二－二八三頁

138－139頁　柳田国男「地名と歴史」『地名の研究』『定本』二十巻、一九七〇年、四九頁

139頁6－8行　柳田国男「日本文化の伝統について」『民俗学について』一七九頁〔山室静、本多秋五、

140頁　杉森久英、荒正人との座談会」
141頁　本居宣長「鈴屋答問録」『うひ山ふみ　鈴屋答問録』一二〇頁
141頁7－8行　柳田国男『桃太郎の誕生』『定本』八巻、一九六九年、一四頁
141頁13－14行　柳田国男「地名の話」『地名の研究』『定本』二十巻、六頁
141頁15行－142頁　柳田国男「地名と地理」『地名の研究』『定本』二十巻、三一頁
142頁12－13行　柳田国男「地名と歴史」『地名の研究』『定本』二十巻、四九頁
143頁　柳田国男『故郷七十年』『定本』別巻第三、一二二頁
145－146頁　柳田国男「地名考説」『地名の研究』『定本』二十巻、七八頁、八〇－八一頁
149－150頁　田山花袋「妻」『定本花袋全集』一巻、内外書籍、一九三六年、二九二－二九三頁［校合は臨川書店、一九九三年刊復刻版による。以下同］
152－153頁　柳田国男「夕づゝ」『野辺の小草』『柳田國男全集』32巻、ちくま文庫、一九九一年、五〇頁
154－156頁　夏目漱石「明治三十六年十月二十六日付鈴木三重吉宛書簡」『漱石全集』十四巻、岩波書店、一九六六年、四九一－四九二頁
156頁3－5行　夏目漱石、同前書、四九三頁
157頁　田山花袋「妻」『定本花袋全集』一巻、二九三頁
159頁　柳田国男『故郷七十年』『定本』別巻第三、三四四頁
160頁　夏目漱石「明治四十年八月四日付高浜虚子宛書簡」『漱石全集』十四巻、六一九頁
161頁　柳田国男『故郷七十年』『定本』別巻第三、三四七頁
163頁　夏目漱石「大正三年一月七日付小泉鐵宛書簡」『漱石全集』十五巻、一九六七年、三一八頁

164－166頁　柳田国男『故郷七十年』『定本』別巻第三、三四〇－三四一頁
167頁　田山花袋「妻」『定本花袋全集』一巻、内外書籍、一九三六年、二九二頁
169－170頁　柳田国男『故郷七十年』『定本』別巻第三、一五頁
170頁7－9行　柳田国男、同前書、一七頁
172頁　柳田国男『女性生活史』『定本』三十巻、一九七〇年、一四－一五頁
174－175頁　柳田国男『山の人生』『定本』四巻、一九六八年、五九－六〇頁
175－176頁　柳田国男『故郷七十年』『定本』別巻第三、三四二頁
177頁11－12行　柳田国男『山の人生』『定本』四巻、一八五頁
178頁1－2行　柳田国男『故郷七十年』『定本』別巻第三、三四一頁
178頁8－12行　柳田国男「昔の國語教育」『國語の將來』『定本』十九巻、五五頁
179頁　柳田国男『山の人生』『定本』四巻、六四－六五頁
180頁4行　柳田国男、同前書、九六頁
180頁4－7行　柳田国男、同前書、八六頁
182－183頁　「第八回イプセン会『野鴨』」『新思潮』五号、潮文閣、一九〇八年、一六二－一六三頁
［岩野泡鳴、正宗白鳥他との座談会］
184－185頁　花田清輝「柳田國男について」『近代の超克』二四一頁
186頁　柳田国男『先祖の話』『定本』十巻、一九六九年、一一六頁
188頁　夏目漱石「夢十夜」『漱石全集』八巻、一九六六年、五〇頁
189頁　柳田国男『故郷七十年』『定本』別巻第三、二五五頁
191頁　「第八回イプセン会『野鴨』」『新思潮』五号、一六三頁

192頁　田山花袋「妻」『定本花袋全集』一巻、二九七頁

193頁　柳田国男『山の人生』『定本』四巻、八〇－八一頁

194－195頁　柳田国男『故郷七十年』『定本』別巻第三、二九頁

196頁　柳田国男、同前書、一一五頁

200－202頁　柳田国男『先祖の話』『定本』十巻、一二〇－一二一頁

204頁　柳田国男『山の人生』『定本』四巻、八六頁

207頁　折口信夫「國の崎々」『折口信夫全集』廿二巻、中央公論社、一九六七年、四七〇頁

209－210頁　折口信夫「神道宗教化の意義」『折口信夫全集』廿巻、中央公論社、一九六七年、四四七頁

210－211頁　折口信夫「神道の史的価値」『折口信夫全集』二巻、中央公論社、一九五五年、一六四頁

211－212頁　ウェーバー『儒教と道教』森岡弘通訳、筑摩書房、一九七〇年、二九－三〇頁

214頁12行　折口信夫「先生の学問」『柳田國男研究』、七頁

215頁　柳田国男『先祖の話』『定本』十巻、一一六頁

216－217頁　柳田国男、同前書、一五〇－一五一頁

219－220頁　小野武夫『農村史』〈現代日本文明史〉九巻、東洋経済新報社、一九四一年、三七三頁

221頁　柳田国男「民俗學の話」『定本』二十四巻、五〇三頁

223頁8－10行　オルテガ・イ・ガセット「観念と信念」桑名一博訳『オルテガ著作集』8巻、白水社、一九七〇年、二九頁

223頁11行－224頁　オルテガ・イ・ガセット、同前書、一九頁

225頁　柳田国男『先祖の話』『定本』十巻、一五一頁

227-228頁　柳田国男『女性生活史』『定本』三十巻、六-七頁

229頁　柳田国男『明治大正史世相篇』『定本』二十四巻、一九四頁

230-231頁　柳田国男、同前書、二一二-二一三頁

233-234頁　コンラート・ローレンツ『文明化した人間の八つの大罪』日高敏隆・大羽更明訳、思索社、一九七三年、一一三-一一五頁

236-237頁　寺田透「うぶすなと呪詞神」『寺田透・評論』6巻、思潮社、一九七四年、三五〇頁

241頁　柳田国男『日本の祭』『定本』十巻、三〇九頁

242頁9-10行　柳田国男、同前書、二五八頁

242頁11行-243頁　柳田国男、同前書、三一四頁

244頁4-6行　柳田国男、同前書、二八四頁

244-245頁　柳田国男「青年と學問」『青年と學問』『定本』二十五巻、一〇八頁

246頁　柳田国男『日本の祭』『定本』十巻、二九五頁

247-248頁　ルース・ベネディクト『文化の型』米山俊直訳、講談社学術文庫、二〇〇八年、三三七-三三八頁

249頁　柳田国男「旅行の進歩及び退歩」『青年と学問』『定本』二十五巻、一一〇-一一一頁

252頁　柳田国男「青年と學問」『青年と學問』『定本』二十五巻、一〇三頁

253頁　柳田国男「ジュネーブの思ひ出」『定本』三巻、一九六八年、三一一-三一二頁

254頁　柳田国男、同前書、三一〇-三一一頁

256-257頁　ポール・ヴァレリー「オランダからの帰り道」野田又夫訳『ヴァレリー全集』9巻、筑摩書房、一九六七年、八六-八七頁

262頁　柳田国男「桑の實」『西は何方』『定本』十九巻、二五八頁
263頁9行　本居宣長『古事記伝』『本居宣長全集』九巻、筑摩書房、一九六八年、六頁
263頁10－11行　本居宣長、同前書、三三頁
264頁　本居宣長『玉勝間』(上) 岩波文庫、一九三四年、二九八－二九九頁

柳田国男の神

271頁4－6行　本居宣長「鈴屋答問録」『うひ山ふみ　鈴屋答問録』一二〇頁
271頁9－10行　本居宣長『玉の小櫛』『本居宣長全集』四巻、一九六九年、一七四頁
272頁　本居宣長『玉勝間』(上)、一七六頁
273頁3－7行　本居宣長『玉の小櫛』『本居宣長全集』四巻、一九八頁
273頁13行－274頁　本居宣長『玉勝間』(上)、一八四頁
275頁4－8行　柳田国男『先祖の話』『定本』十巻、一一六頁
275頁9－11行　柳田国男、同前書、一五一頁
277－278頁　柳田国男『山の人生』『定本』四巻、五九－六〇頁

初出

柳田国男論　『言論は日本を動かす』第三巻、講談社、一九八六年。のちに単行本『ヒューモアとしての唯物論』筑摩書房、一九九三年に収録。本書は単行本を底本とした。

柳田国男試論　『月刊エコノミスト』毎日新聞社、一九七四年一月号−四月号、六月号−十二月号

柳田国男の神　『國文學　解釈と教材の研究』學燈社、一九七五年一月号

著者
柄谷行人　KARATANI, Kojin
1941年8月生まれ．思想家，批評家

著書
『遊動論 ── 山人と柳田国男』（文春新書、2014年刊）
『力と交換様式』（岩波書店）
『哲学の起源』（岩波書店）
『帝国の構造』（青土社）
『世界史の構造』（岩波書店）
『世界共和国へ ── 資本＝ネーション＝国家を超えて』（岩波新書）
〈定本 柄谷行人集〉（岩波書店）
　第１巻『日本近代文学の起源　増補改訂版』
　第２巻『隠喩としての建築』
　第３巻『トランスクリティーク ── カントとマルクス』
　第４巻『ネーションと美学』
　第５巻『歴史と反復』
『思想はいかに可能か』（インスクリプト）
『近代文学の終り』（インスクリプト）
『「世界史の構造」を読む』（インスクリプト）ほか多数.

翻訳されている主要著書（英語のみ）
Marx: Towards the Centre of Possibility, Verso Books, 2019 (paperback)
Isonomia and the Origins of Philosophy, Duke University Press, 2017 (paperback)
Nation and Aesthetics: On Kant and Freud, Oxford University Press, 2017
The Structure of World History: From Modes of Production to Modes of Exchange, Duke University Press, 2014 (paperback)
History and Repetition, Columbia University Press, 2011
Transcritique: On Kant and Marx, MIT Press, 2005 (paperback)
Architecture as Metaphor: Language, Number, Money, MIT Press, 1995 (paperback)
Origins of Modern Japanese Literature, Duke University Press, 1993 (paperback) ほか.

柳田国男論

発行日　2013年10月28日　初版第一刷
2023年 5月 8日　第二刷

著者　柄谷行人

装幀　間村俊一
カバー写真　港　千尋
発行者　丸山哲郎
発行所　株式会社インスクリプト
東京都千代田区九段南2丁目2-8　102-0074
電話　050-3044-8255
FAX　042-657-8123
www.inscript.co.jp
印刷・製本所　中央精版印刷株式会社

ISBN 978-4-900997-38-7

〈既刊書より〉

3.11後に読み直された『世界史の構造』をめぐる思考の軌跡

柄谷行人

「世界史の構造」を読む

福島第一原発事故は、根本的に国家が介在することによって生みだされ悪化させられた災害に該当します。……脱原発への闘争とは、原発を造るべく資本＝国家が構築してきた体制を脱構築することです。その意味では、災害が資本＝国家への対抗運動の引きがねを引くことになりうる、と思います。 ［本書、第I部より］

［目次より］

第I部

震災後に読む『世界史の構造』（書下し）

第II部（対談、座談会）

未来について話をしよう…苅部直／資本主義の終り、アソシエーショニズムの始まり…大澤真幸・岡崎乾二郎／生産点闘争から消費者運動へ…高澤秀次・絓秀実／交換様式論の射程…奥泉光・島田雅彦／遊動の自由が平等をもたらす…大澤真幸・苅部直・島田裕巳・高澤秀次／協同組合と宇野経済学…佐藤優／イソノミア、あるいは民主主義の更新…山口二郎

四六判上製382頁　2,400円　2011年10月刊　［価格は税抜］

歿後三十年を経て贈る決定版撰集

中上健次集　全十巻

一　岬、十九歳の地図、他十三篇（第四回配本）
解説：大塚英志　3, 900円

二　熊野集、化粧、蛇淫（最終回配本）
解説：斎藤環　3, 900円

三　鳳仙花、水の女（第六回配本）
解説：堀江敏幸　3, 600円

四　紀州、物語の系譜、他二十二篇（第八回配本）
解説：高村薫　3, 600円

五　枯木灘、覇王の七日（第七回配本）
解説：奥泉光　3, 500円

六　地の果て 至上の時（第五回配本）
解説：いとうせいこう　3, 600円

七　千年の愉楽、奇蹟（第一回配本）
解説：阿部和重　3,700円

八　紀伊物語、火まつり（第三回配本）
解説：中上紀　3,500円

九　宇津保物語、重力の都、他八篇（第二回配本）
解説：安藤礼二　3,500円

十　野生の火炎樹、熱風、他十一篇（第九回配本）
解説：大澤真幸　4,000円

四六判上製角背膝り綴カバー装　本文9ポ二段組　平均450頁
装幀：間村俊一　カバー写真：港千尋

［価格は税抜］